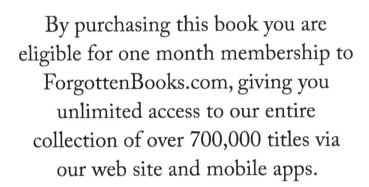

ISBN 978-0-260-70482-5
PIBN 10965328

This book is a reproduction of an important historical work. Forgotten Books uses
state-of-the-art technology to digitally reconstruct the work, preserving the original format
whilst repairing imperfections present in the aged copy. In rare cases, an imperfection in
the original, such as a blemish or missing page, may be replicated in our edition. We do,
however, repair the vast majority of imperfections successfully; any imperfections that
remain are intentionally left to preserve the state of such historical works.

L'ART DE BÂTIR

DES

MAISONS DE CAMPAGNE,

OÙ L'ON TRAITE

DE LEUR DISTRIBUTION, DE LEUR CONSTRUCTION, & de leur Décoration.

On y donne des Projets fur dix-fept différentes longueurs ; fçavoir, depuis dix toifes de face jufqu'à vingt-fix.

Quatre différentes formes de Bâtimens fur chacune de ces longueurs ; avec leurs Elévations, leurs Coupes, & plufieurs Diftributions fur chacune des Formes.

Quelques autres Formes de Bâtimens, dont les uns ont leur Avenue ou leur Entrée par un de leurs côtés, & les autres l'ont oblique, par rapport à la fituation de leurs Jardins.

AVEC L'EXPLICATION DE CES PROJETS,

Et des Deffeins de Menuiferie, de Serrurerie, de Parterres, & d'autres Ornemens propres à la Décoration intérieure & extérieure.

TOUS CES PROJETS ET DESSEINS GRAVÉS EN TAILLE DOUCE.

Ouvrage très-utile, non feulement pour conftruire des Maifons de Campagne, mais auffi pour bâtir dans les Villes, & qui peut fournir des idées pour donner aux anciens Bâtimens, des Diftributions plus commodes.

Par le Sieur C. E. BRISEUX, Architecte.

TOME PREMIER.

A PARIS,

Chez J. B. GIBERT, Quay & à côté des Grands-Auguftins, à la Belle-Image.

M. DCC. LXI.

PREFACE.

LA partie de l'Architecture qui regarde la Diftribution, eft d'une reffource fi avantageufe, & elle eft fi utile lorfqu'il s'agit de trouver dans un petit efpace des commodités qui manquent fouvent à des Bâtimens très-étendus, qu'il eft étonnant que dans le grand nombre de Livres qui ont été mis au jour, on ne la voye traitée que fort légérement.

Pour fuppléer au peu d'attention qu'on a eu pour cette partie, on a crû devoir ici en faire fon objet principal, en faveur des Eléves & de tous ceux qui fans faire profeffion de l'Architecture, font amateurs du Bâtiment.

Les perfonnes qui fréquentent les Provinces, reconnoîtront d'autant mieux la néceffité de cet Ouvrage, qu'elles fçavent le peu d'arrangement qu'on obferve dans les Bâtimens qu'on y conftruit, & qu'elles y ont vû de grandes Maifons & des Châteaux confidérables, qui tout modernes qu'ils foient, n'ont que très-peu de logement & de commodités.

Ce défaut provient fouvent de la difficulté de trouver fur les lieux un habile Architecte, & quelquefois du défir d'épargner la récompenfe que mérite un bon projet. Dans l'un & l'autre de ces cas, on s'en rapporte aveuglément à des perfonnes qui n'ont point affez de talent pour imaginer une heureufe Diftribution ; ou la bonne opinion qu'on a de fon génie, fait qu'on fuit fes propres idées : On éléve alors des Edifices, qui après avoir jetté dans des frais confidérables, caufent un long repentir : On reconnoît, mais trop tard, qu'un plan mal conçu eft une fource continuelle de nouvelles dépenfes ; & les changemens

qu'on eſt obligé d'y faire ſucceſſivement, ont preſque autant coûté au bout d'un certain tems, que la choſe même;
rien n'étant plus vrai dans tous les Arts; que l'on a plus de
peine à rectifier un mauvais deſſein, qu'à en produire un
parfait.

L'Auteur, pour remédier à ces inconvéniens, offre
dans ce Livre, le fruit de ſes travaux & de beaucoup de
recherches & de méditations. On y trouvera une grande
quantité de projets, qui ſerviront à tirer d'embarras les
perſonnes les moins inſtruites, lorſqu'elles voudront faire
bâtir, & qui ſeront d'uſage dans tous les différens terreins
& les plus bizarres ſituations. Plus on a multiplié & diver-
ſifié ces projets, plus on a eu deſſein de les rendre utiles,
& d'augmenter la liberté & le plaiſir du choix; mais on
ne ſe flate pas d'avoir épuiſé la matiére, le goût de la Diſtribution pouvant ſe varier à l'infini.

Parmi tant d'exemples que l'on propoſe, il peut s'en
rencontrer quelques-uns, où l'on ne ſe ſoit pas également
ſoutenu; mais le Public doit quelque indulgence aux Ouvrages de longue étendue; & l'on eſpére d'autant plus
qu'il voudra bien en avoir pour celui-ci, qu'il y a toujours
du mérite à communiquer ce que l'on a acquis par une
grande expérience & une étude aſſidue, & à tâcher de
perfectionner les Arts, qui ſans cette bonne volonté &
cette émulation, n'auroient pris aucun accroiſſement. En
attendant que d'excellens génies renchériſſent ſur l'Auteur,
il ſera très-ſatisfait, ſi on veut bien lui ſçavoir gré des pei-
nes qu'il a priſes, pour répandre quelque lumiere ſur une
des plus eſſentielles parties de l'Architecture.

IDÉE GÉNÉRALE DE CE LIVRE,

ET SA DISTRIBUTION.

A Fin que d'un feul coup d'œil, on puiffe voir toute l'étendue & toute l'utilité de cet Ouvrage , & parcourir dans un moment un travail de beaucoup d'années, on va annoncer ici toutes les matiéres dont il eft compofé, en fuivant l'ordre dans lequel on a jugé qu'il étoit le plus à propos de les mettre.

On n'y a rien négligé pour conduire pas à pas les moins éclairés dans l'Architecture, & les Eléves les moins doués de pénétration, jufqu'au point d'être en état de choifir une heureufe expofition, de diftribuer, de connoître les matériaux, les préparer & les employer, de fonder, de conftruire, de décorer, en un mot, de donner aux Edifices de la folidité, de l'agrément, de la nobleffe, & des commodités, qu'il ne fembloit pas qu'on dût efpérer dans un efpace étroit & peu favorifé de la nature.

Pour leur inftruction, l'on donne fur vingt-deux longueurs, foixante-dix formes de Bâtimens, avec leurs Elévations, leurs Coupes, & plufieurs Diftributions fur chaque forme, tant pour le Rez-de-chauffée que pour le premier Etage, qu'on a eu grand foin de diverfifier; & l'on y a joint tout ce qui eft néceffaire & relatif à l'art de bâtir.

Comme on s'eft uniquement appliqué à ce qui peut être réellement avantageux, & fe réduire à une pratique ordinaire, le Bourgeois, le Gentilhomme, & le Seigneur qui aime l'œconomie, pourront ici puifer des projets, chacun fuivant fon goût; & ils fçauront comment il faut les exécuter, pour peu qu'ils ayent recours aux régles &

aux lumiéres que l'on donne : Ceux qui réfident dans les
Provinces & dans les Païs Etrangers, troûveront dans ce
Livre de quoi rectifier leur goût : On pourra par fon moyen
faire des deffeins avec plus de jufteffe , & on y en ren-
contrera de tout préparés & d'extrêmement variés : Les
Ouvriers n'y manqueront pas de confeils , & l'on y ap-
prendra à juger de leurs Ouvrages : Enfin on n'a rien ca-
ché de tout ce qui pouvoit inftruire , fatisfaire , & défa-
bufer le Public.

Ce Livre eft divifé en trois Claffes, compofées chacune
de deux Volumes ; & afin qu'en paffant de l'une à l'autre,
on pût toujours trouver fous fes yeux une utile & agréable
diverfité, on a partagé & combiné les longueurs fur lefquelles on fournit des projets de Bâtimens, de façon que
dans chaque Claffe , il y a de petites & moyennes longueurs mêlées alternativement avec de plus grandes ; &
dans la même vûe, on y a également diftribué différens
avis , & des deffeins pour les Décorations intérieures &
extérieures.

Dans le premier Volume de la premiere Claffe , on
parle de la difpofition générale & de l'expofition du principal Corps & des Bâtimens particuliers des Maifons de
Campagne , & de la façon dont on doit les diftribuer eu
égard à leurs ufages ; & l'on donne fur chacune des longueurs de dix , de treize , quinze, dix-huit & vingt toifes
de face , quatre formes de Bâtimens , avec leurs Elévations & Coupes, & fur chaque forme diverfes Diftributions.

Le fecond Volume de cette premiere Claffe , renferme
un projet pour un Bâtiment de vingt-fix toifes de face ,
deux projets pour des Bâtimens dont l'avenue eft oblique ,
un autre pour un Bâtiment dont l'avenue eft-de côté , &
deux pour l'Hôtel d'un Gouverneur de Place.

Ou

On y traite de la folidité du Bâtiment, & de toutes les matiéres propres à bâtir : On y donne la maniere de tracer fur le terrein les tranchées des fondations des Edifices ; de les fonder folidement fur des terreins de différente nature & fur le roc ; d'établir un Pilotis ; de remplir les tranchées des fondations jufqu'à l'établiffement des Caves ; d'établir les Caves ; de conftruire leurs murs & leurs voutes ; d'affeoir fur la maçonnerie des fondemens , l'embafement des Edifices : On y enfeigne quelle doit être l'épaiffeur des murs des Maifons de Campagne ; leur conftruction jufqu'à l'établiffement du premier Etage ; Comment il faut établir ce premier Etage ; conftruire fa maçonnerie, jufqu'à la fermeture des tuyaux de Cheminées ; la conftruction de la charpente des Planchers , des Combles , des Cloifons , & des Efcaliers ; & la groffeur des bois qui y entrent.

. Afin de former le goût des Eléves , on y fait des réflexions fur ce qu'on doit obferver pour décorer judicieufement & avec grace les façades des Edifices ; & ces réflexions font accompagnées de plufieurs deffeins : On traite auffi de la décoration des Appartemens, & l'on en donne divers exemples.

. On y prefcrit quel doit être l'échantillon des bois de Menuiferie , fuivant les ouvrages aufquels ils font employés : L'on y fournit des deffeins de Serrurerie ; on y fait un détail des fers qui entrent dans les Bâtimens , & l'on y marque les groffeurs qui conviennent à leurs différens ufages : Plufieurs impreffions de Peinture pour la Menuiferie, & quelques Vernis finiffent ce Volume.

Enfin cette Claffe fe trouve ornée de cent vingt-quatre Diftributions , tant pour le Rez-de-chauffée que pour le premier Etage , cinquante & une Elévations , & vingt-fix Coupes gravées en Taille douce, outre quatre-vingt-dix

Planches d'ornemens , & sept autres qui étoient nécessaires pour faciliter l'intelligence de quelques opérations.

Le troisiéme & quatriéme Volume constituent la seconde Classe : On y trouvera quatre Formes , sur chacune
des longueurs de onze , quatorze, seize, vingt-un , vingt-
trois , & vingt-cinq toises de face , avec des Distributions,
des Elévations & des Coupes , comme à la premiere Classe,

Pour rendre cette Classe aussi intéressante que la premiere , on y a mis aussi des Desseins pour la décoration
intérieure , & pour les façades des Bâtimens ; & elle de-
vient d'autant plus agréable & utile , qu'on y donne des
Desseins pour les Parterres & pour les autres décorations
des Jardins , & un Discours sur leur construction. L'on
donnera encore dans cette Classe & dans la suivante des
Projets pour des emplacemens irréguliers.

La troisiéme Classe , qui comprend le cinquiéme & sixiéme Volume , offrira aussi quatre formes , différentes
Distributions sur chaque forme , leurs Elévations & leurs
Coupes , sur chacune des longueurs de douze , dix-sept ,
dix-neuf, vingt-deux & vingt-quatre toises de face.

Comme l'art de la Décoration est inépuisable , & que
la fécondité du génie peut la multiplier à l'infini, on s'est
plû à enrichir encore cette Classe de nouveaux Desseins
pour les Décorations intérieures & extérieures des Bâtimens;
& pour laisser moins à désirer, on y ajoute les cinq Ordres
d'Architecture de Vignole, & quelques Réflexions sur la
maniere de les employer. Un Traité de l'Hydraulique convenable aux Maisons de Campagne, termine tout l'Ouvrage.

On a dû remarquer par ce qu'on vient de dire, que l'Auteur s'est appliqué à mettre les sujets dont il traite , dans
l'ordre le plus propre à instruire , & qu'il est absolument
nécessaire de garder, lorsqu'on en vient à l'exécution ; &

le détail qu'on donne ici, & qu'on a rendu le plus précis qu'il a été poffible, pour qu'il fût moins ennuyeux, fait affez connoître l'importance de l'Ouvrage qu'on met au jour, & les avantages qu'on en doit recevoir.

Enfin, pour que tout le monde fût à portée de l'entendre fans peine & d'en profiter, on a non-feulement eu l'attention de fe fervir le moins qu'on a pû des termes de l'Art, mais encore celle de donner une explication en forme de Dictionaire, de tous ceux qu'on a été dans l'obligation d'employer.

Avant que de finir, on croit devoir prévenir l'objection qu'on peut faire, fur ce que loin de commencer par les Ordres d'Architecture, ainfi que la méthode ordinaire fembloit le demander, on n'en parle que fur la fin de ce Livre. On y répondra donc d'avance, que s'étant fait un objet principal de la Diftribution & de la Conftruction des Bâtimens particuliers, il étoit raifonnable de remplir cet objet, avant que de traiter de ces Ordres, qui n'appartiennent proprement qu'aux Palais & aux Edifices publics, & qu'on peut dire n'être ici que hors d'œuvre, & feulement pour que le Lecteur n'ait pas befoin de recourir ailleurs, pour fe mettre au fait de toutes les parties effentielles de l'Architecture.

TABLE
DES CHAPITRES
DU PREMIER VOLUME.

PREMIERE PARTIE.

Contenant quelques réflexions fur la difpofition générale & l'expofition du principal Corps de Logis , & des Bâtimens particuliers , &c.

SECONDE PARTIE.

Laquelle comprend plufieurs Diftributions fur quatre formes différentes, leurs Elévations & leurs Coupes, pour conftruire un Bâtiment de dix toifes de face.

TROISIEME PARTIE.

Où font contenues plufieurs Diftributions fur quatre formes différentes, leurs Elévations & leurs Coupes, pour conftruire un Bâtiment de treize toifes de face.

QUATRIEME PARTIE.

Dans laquelle se trouvent plusieurs Distributions sur quatre formes différentes, leurs Elévations & leurs Coupes, pour construire un Bâtiment de quinze toises de face.

CINQUIEME PARTIE.

Dans laquelle on donne plusieurs Distributions sur quatre formes différentes, leurs Elévations & leurs Coupes, pour servir à la construction d'un Bâtiment de dix-huit toises de face.

SIXIEME PARTIE.

Qui renferme plusieurs Distributions sur quatre formes dif-férentes, leurs Elévations sur la Cour & sur le Jardin, & leurs Coupes, pour construire un Bâtiment de vingt toises de face.

Fin de la Table des Chapitres du Tome premier.

L'ART

L'ART DE BÂTIR
DES
MAISONS DE CAMPAGNE.

✶✶

PREMIERE PARTIE.

*Contenant des Réflexions sur la disposition générale & l'exposi-
tion du principal Corps de Logis , & des Bâtimens particuliers
qui doivent l'accompagner.*
*Sur la construction de l'Orangerie , des Ecuries , des Greniers à
Bled , du Chenil , & de la Glaciére.*
Et sur la Forme & la Distribution de ces Maisons.

───────────────────────────

CHAPITRE PREMIER.
*De la disposition générale des Maisons de Campagne.,
& de leur Exposition.*

A disposition générale des Maisons de Campagne , faisant tout l'agrément du premier
coup d'œil , & contribuant à leur commodité , lorsqu'on sçait placer à propos les Bâtimens particuliers qui y sont nécessaires , elle
demande une grande attention de la part de l'Architecte ;

mais il ne doit pas fe laiffer emporter à des idées, qui foient au-deffus des facultés de celui qui l'emploie.

La différence des emplacemens étant infinie, il n'eft pas poffible de donner des régles particuliéres & certaines fur cette matiére : la difpofition du Terrein, l'Entrée principale, l'ufage propre à chaque Bâtiment, qui doit être placé fuivant fa deftination, enfin l'état de la perfonne qui fait bâtir, doivent déterminer l'ordre dans lequel il faut arranger les Maifons de Campagne ; & de tels fujets ne font fufceptibles que de réflexions générales.

Le principal Corps de Logis doit toujours être directement oppofé à l'entrée principale de la Cour, & placé en face du Jardin : quand cela ne fe peut, il faut compofer des formes de Bâtiment, telles qu'on en donne quelques-unes dans la premiere Partie du fecond Volume.

Son expofition dépend fouvent de la fituation de fon emplacement; mais autant qu'il eft poffible, on doit éviter d'expofer la face fur le Jardin, du côté du Midi, auffi bien que de celui du Couchant : le Levant eft l'afpeét le plus favorable : celui qui eft entre le Levant & le Nord, peut être choifi; il procure en Efté beaucoup de fraîcheur aux Appartemens; mais auffi la face fur la Cour, reçoit alors toute la violence des grandes pluyes. On peut enfin expofer la face fur le Jardin, entre le Levant & le Midi; cette expofition eft tempérée ; on auroit feulement à y craindre dans quelques Provinces voifines de la Mer & dans de certaines fituations de lieux, l'incommodité des grands vents pour la face de la Cour. Aux Pays Septentrionaux, l'afpeét du Midi eft fain & agréable, & il rend les Appartemens plus rians & plus éclairés.

La principale Cour doit être plus large que la face de la Maifon ; afin qu'en y entrant, on ait l'agrément de découvrir une partie des Jardins. Elle doit avoir en longueur au moins la diagonale de fon quarré, & on lui donne pour le moins un pouce de pente par toife, afin que les eaux puiffent s'écouler du côté de fon entrée.

Les Bâtimens particuliers des Maifons de Campagne, doivent être arrangés dans un tel ordre, qu'ils puiffent accompagner, avec quelque grace, le principal Corps de Logis : lorfqu'ils ne peuvent être difpofés de façon qu'ils forment un bel afpeɛt, il eft bon d'en cacher la vûe.

CHAPITRE II.

Des Offices & des Cuifines.

LORSQUE les Cuifines font placées dans le Corps de Logis, il en tranfpire jufqu'aux Appartemens une odeur dégoûtante; & le bruit continuel qu'on y fait, eft très-incommode pour les Maîtres : c'eft ce qui fait prendre ordinairement le parti de les mettre dans un corps de Bâtiment détaché. On a plus de facilité alors de leur donner, ainfi qu'aux Offices, toutes les commodités néceffaires. Comme l'état du Maître fixe l'efpece & la quantité de ces commodités, on n'en fera aucun détail : on dira feulement que l'Architeɛte doit fe faire inftruire, par les Officiers, des chofes dont ils ont befoin, & de l'ordre dans lequel il doit placer chaque piéce convenablement à l'ufage auquel elle eft deftinée.

Les pofitions les plus avantageufes pour le Bâtiment des Cuifines, font les fuivantes. On le peut mettre fur l'alignement de la face du Corps de Logis fur le Jardin, obfervant de donner plus de faillie à cette face. Il peut être auffi placé fur une ligne parallele à l'alignement de la face fur la Cour, plus ou moins en faillie fur cette face,

A ij

suivant qu'il faudra conserver les vûes qui seront percées dans les Pignons du Corps de Logis. On pourroit assez avancer ce Bâtiment dans la Cour, pour que l'on pût appercevoir entre lui & le Corps de Logis, une allée qui se trouveroit entre ce Bâtiment & un Boulingrin fait en face de ces Pignons.

Le Bâtiment des Cuisines peut encore être situé entre la Basse-cour & la Cour principale ; c'est-à-dire, terminer un des côtés de cette derniere.

Dans ces différentes positions, il est certain que si le Corps de Logis est séparé de ce Bâtiment de la largeur des allées qui termineront la largeur du Parterre, il en paroîtra avec plus d'éclat, & la vûe de la Cour en plaira davantage.

Au reste, on doit toujours avoir attention que le Bâtiment des Cuisines soit à la portée des Basses-cours. On y pratique ordinairement des logemens pour les Officiers & autres Domestiques destinés à la Cuisine & à l'Office. On peut aussi y placer l'appartement du Concierge, ou d'un homme d'Affaires.

Si l'espace qui se trouvera entre le Corps de Logis & le Bâtiment des Cuisines, est fermé par un mur de clôture de hauteur ordinaire, il sera facile de pratiquer contre ce mur, un passage couvert pour le service : si cet espace est fermé par un mur à hauteur d'appui, on pourra creuser un passage dans la terre jusqu'à une suffisante profondeur. On en pratique enfin sous la Cour ; & pour les éclairer, on laisse, de distance en distance, des ouvertures sur lesquelles on place des grilles dont les vuides n'ont qu'environ deux pouces en quarré.

CHAPITRE III.

De la Serre de l'Orangerie, & de l'Appartement des Bains.

LA Serre de l'Orangerie, peut être placée de Symme-
trie avec le Bâtiment des Cuisines dans les positions
dont nous venons de parler ; pourvû cependant que ces
ouvertures soient à l'aspect du Midi, qui lui est le plus
propre.

Plusieurs choses sont à observer dans sa construction : il
faut y procurer un air doux, & faire ensorte que ni la gelée
ni l'humidité ne puissent y pénétrer. Les ouvertures en doivent être grandes, afin qu'en ouvrant les Croisées, lorsque
le Soleil paroît, il puisse plus facilement y communiquer
ses rayons : il faut y placer de doubles chassis, & coler du
papier aux deux côtés de celui qui sera placé en dedans.

Pour que l'humidité n'y régne pas, on éléve le Sol de
la Serre d'environ deux pieds au dessus du niveau du Jardin, & au lieu de marches pour y monter, on dresse des
Talus sur la largeur des portes. Comme pendant l'Hyver
la terre est toujours imbibée d'eau, & qu'il s'en exhale une
humidité continuelle, il seroit à propos de faire sur toute
la surface de la Serre, une excavation d'environ quatre à
cinq pieds de profondeur ; & après en avoir battu le fond,
pour le consolider, de construire sur la largeur de la Serre
des murs d'un pied & demi d'épaisseur, & éloignés l'un de
l'autre d'environ quatre à cinq pieds.

Alors entre ces murs, on fera, avec de petits cailloux
& du mortier de chaux & de sable, une aire épaisse de
huit à neuf pouces ; on crêpira cette aire avec du mortier qu'il faudra repousser à mesure qu'il séchera ; on cons-

truira, d'un mur à l'autre, des Voutes ; ce qui formera des canaux qui aboutiront aux deux faces de la Serre : en édifiant ces faces, on obfervera de faire au bout de chaque canal, une ouverture qui donnera entrée à l'air : fur ces petites voutes, on fera encore une aire fur laquelle on pavera. Il eft évident que par ce moyen ce lieu fera exemt de toute humidité. On pourra pratiquer la même chofe dans tous les endroits humides qu'on voudra rendre fecs.

Si quelque partie de la Serre fe trouvoit appuiée contre des terres, il faudroit en faire enlever affez, pour qu'en conftruifant un mur pour les foûtenir, il reftât entre ce mur & celui de la Serre, un efpace d'environ fix pieds, & élever, fur ces deux murs, une voute fur laquelle on feroit un pavé avec du ciment, & affez en pente du côté des terres pour que l'eau pût aifément s'y écouler. On feroit auffi des ouvertures aux deux extrémités de cette Voute, afin de donner paffage à l'air.

Dans les païs très-froids, il fera aifé de procurer un air doux & égal aux Serres d'Orangerie, fi l'on conftruit en dedans, au milieu de leur longueur, & contre le mur oppofé aux croifées, une petite cave dans laquelle on établira un four, dont la bouche fera étroite, & fous l'âtre duquel on fera, avec des briques, plufieurs canaux en forme d'un Labyrinthe, ou d'un Sauciffon qui n'aura qu'une entrée & une fortie, & que l'on couvrira d'une ou de plufieurs plaques de fonte, fur lefquelles on allumera le feu.

De l'une des extrémités de ce Labyrinthe, on fera paffer un tuyau de tole au travers du mur, pour qu'il attire l'air extérieur dans les canaux : cet air les parcourant tous, ne manquera pas de s'échauffer. A l'autre extrémité du Labyrinthe, on placera auffi un tuyau de tole qui communiquera l'air chaud à un autre tuyau, qui traverfant toutes les petites voutes dont on a parlé, fera placé dans le milieu de la largeur de la Serre & fur toute fa longueur , & auquel on fera, vis-à-vis chaque trumeau, & toujours fous l'aire de la Serre , des embranchemens de tuyaux , qui par des coudes tels qu'on en voit à ceux des poeles, fe réuniront à d'autres tuyaux pofés à plomb des deux côtés de la Serre , fçavoir , à chaque trumeau & contre le mur oppofé, lefquels auront affez de hauteur pour que l'air échauffé qui en fortira, paffe de quelques pieds celle des arbres. Cet air frapant contre la voute ou le plafond, fe joindra continuellement à celui qui fera déja contenu dans la Serre , & ne ceffera point d'y entretenir une douce chaleur qui ne pourra caufer aucun dommage aux arbres; au lieu que les brafiers & les poeles font très-nuifibles à ceux dont ils font voifins.

On pourroit par le même moyen procurer un air doux dans toutes les chambres d'un Château , en faifant la même chofe fous l'âtre de la cheminée de la Cuifine , ou du Cabinet d'affemblée , & plaçant dans les murs des tuyaux, dont la fortie feroit dans ces chambres.

Des Bains.

On place d'ordinaire l'appartement des Bains dans le Bâtiment de l'Orangerie. On le conftruit fuivant l'état du Maître , & fi l'on veut y avoir toutes les commodités néceffaires , on fait précéder la Sale des Bains, d'une antichambre, où le Domeftique fe tient pour être à portée du fervice. On peut faire cette Sale affez grande pour y placer deux Baignoires , & qu'ainfi deux perfonnes ayent l'agrément de s'y tenir compagnie.

A côté de la Sale, eft l'Etuve, dans laquelle eft placé le Fourneau qui donne le dégré de chaleur convenable à l'eau qu'on diftribue dans les Baignoires par des tuyaux de plomb.

On y joint une petite piéce qu'on appelle chauffoir. C'eſt-là qu'on fait ſécher les linges dont on a beſoin dans la Sale des Bains.

La Chambre des Bains doit être à côté de la Sale ; & ſi cette Sale contient deux Baignoires, il faut lui donner aſſez de grandeur pour qu'il puiſſe y avoir deux lits.

On peut y conſtruire auſſi des lieux à l'Angloiſe.

Si l'on vouloit épargner les frais du Bâtiment des Bains, & employer ſon emplacement à un autre uſage, on pourroit, pour prendre le Bain, ménager une chambre près de la cuiſine, afin d'être à portée d'y faire chauffer l'eau & le linge dont on auroit beſoin.

CHAPITRE IV.

Des Ecuries & des Remiſes.

LEs Ecuries doivent être placées de maniére que les Maîtres puiſſent s'y tranſporter commodément : l'expoſition qui leur convient, eſt depuis l'Orient juſqu'au Nord.

Pour qu'une Ecurie double ſoit belle & noble, on lui donne environ trente à quarante pieds de largeur ſur vingt-quatre à trente pieds de hauteur. On pourroit néanmoins dans la néceſſité, mettre un double rang de Chevaux dans une Ecurie, qui ne ſeroit large que de vingt-quatre pieds.

A la Ville, on donne aux Ecuries ſimples, treize à quatorze pieds de largeur. A la Campagne, on les tient larges depuis dix-neuf pieds juſqu'à vingt-quatre ; afin que les Maîtres qui viſitent ſouvent celles-ci, ayent la liberté de s'y promener, ſans courir aucun danger. On pourra

donner

donner à la hauteur du Plancher, ou de la Voute des premiéres, environ quatorze pieds, & dix-huit pieds à celles qui auront vingt-quatre pieds de large.

La porte en doit être large de cinq à six pieds ; & il convient d'y en faire plusieurs, lorsque l'Ecurie est longue.

Aux Ecuries doubles, on place les Croisées ou Guichets, au dessus des Rateliers : dans les simples, on n'en met qu'à la face de l'entrée ; & on prend garde de les élever assez, pour que les Chevaux n'en puissent casser les vitres. Dans ces derniéres Ecuries, on fait, au dessus du Ratelier, des Crenaux que l'on débouche dans les tems de chaleur, pour donner entrée à l'air frais. On doit avoir soin de ne pas donner aux Ecuries trop de jour, & que les yeux des Chevaux n'en soient aucunement frapés.

On fait des Ecuries particuliéres pour les Chevaux de labeur ; & les Chevaux malades sont mis à part dans une petite.

Il faut quatre pieds de largeur pour un Cheval de carosse, & trois pieds & demi seulement pour un Cheval de selle.

La Mangeoire doit être placée à trois pieds de hauteur, son épaisseur comprise ; & il faut l'éloigner du mur d'environ seize pouces. On place le Ratelier, qui doit être à plomb, à dix-huit pouces au dessus de la Mangeoire, & à pareille distance du mur. L'espace qui se trouve entre la Mangeoire & le Ratelier se garnit de planches ; de maniére que la Mangeoire ne reçoive pas la poudre que le Ratelier laisse tomber par les ouvertures de son fond.

Les Poteaux, dont les Barres qui séparent les Chevaux sont soutenues, doivent avoir quatre pouces quarrés sur environ quatre pieds quatre pouces de hauteur, depuis le pavé. On plante ces Poteaux à neuf pieds six pouces de la Mangeoire, non compris leur épaisseur. Les Barres sont

T. I. Part. I.   B

de huit pieds quatre pouces de longueur. Il faut élever
l'aire de la place des Chevaux de quelques pouces au
dessus du reste de l'aire de l'Ecurie, & qu'elle soit en pente du côté des Poteaux, pour que l'urine des Chevaux
puisse s'écouler. Lorsqu'on ne voute pas les Ecuries, on
doit les plafonner.

On les accompagne d'une Sellerie, dont la grandeur
dépend des facultés du Maître. L'aspect du Midi, ni celui du Couchant, ne lui est pas propre : elle est mieux ex-
posée entre le Levant & le Midi , ou entre le Levant & le
Nord. Si l'on faisoit sous son plancher de petites voutes
semblables à celles qu'on a conseillé de faire à l'Orangerie, elle en seroit beaucoup plus séche.

On ne parle point des commodités qui conviennent
aux Ecuries; personne ne les ignore.

Des Remises.

Les Remises doivent avoir le même aspect que les Ecuries. On leur donne dix-neuf à vingt pieds de profondeur :
quatorze suffisent, pourvû qu'on releve le timon.

L'entrée d'une Remise pour un seul Carosse , doit être
de huit pieds de largeur : on lui en donne quatorze, quand
elle sert à deux Carosses. Pour qu'ils puissent entrer aisé-
ment, il lui faut neuf pieds de hauteur.

On pratique, dans le corps de bâtiment des remises, un
lieu propre à serrer les Harnois ; & pour qu'il ne soit
point humide, on peut y exécuter ce qu'on a dit à l'égard
de la Sellerie , & lui donner la même exposition.

CHAPITRE V.

Des Greniers destinés à mettre les Grains, & du Chenil.

Les Lucarnes des Greniers demandent l'aspect du Nord. Il faut éviter de placer les Greniers sur les Ecuries & sur les Etables, qui ne manqueroient pas de leur communiquer une chaleur qui leur deviendroit pernicieuse.

Les Bleds se conservent mieux sous les couvertures de paille, que sous celles d'ardoises ou de tuiles.

Lorsqu'on est obligé de les mettre sous celles-ci, on y peut faire un Plancher, en plaçant des Soliveaux sur les Entraits des Fermes : on étendra sur ce plancher une aire de six pouces d'épaisseur, composée d'un mortier d'argille & de paille. Une cloison du côté du Soleil, garnie du même mortier, seroit encore très-utile, pour parer, ainsi que le plancher, une partie de la chaleur qui se fait toujours ressentir beaucoup dans les Greniers.

On fait aussi des corps de Bâtiment destinés pour des Greniers : on y construit plusieurs planchers l'un sur l'autre, à chacun desquels on pratique des trapes, pour faire couler les bleds d'un Grenier à l'autre, quand on le juge à propos : on choisit pour cela les jours ausquels il regne un vent frais, & l'on ouvre les croisées, afin que ce vent rafraîchisse les bleds, & en enléve la poussiére.

Pour conserver long-tems des bleds, il faut vouter le rez-de-chaussée de ces Bâtimens ; & comme on l'a dit au sujet de l'Orangerie, élever sous son aire de petites voutes ; ce qui en chassera l'humidité.

B ij

On ne perce aucune croifée à ces fortes de Greniers ; on y pratique feulement des ouvertures dans la voute, par lefquelles on fait paffer le bled de celui qui eft au-deffus en celui qui eft au-deffous. Quand le Grenier vouté eft rempli, on coule de la chaux vive fur le grain, & on ferme hermétiquement ces ouvertures, il fe forme enfuite autour du bled une croute très-dure, qui fert beaucoup à fa confervation.

Il eft bon de féparer ces Greniers voutés, par des murs de réfend, & d'en faire plufieurs parties ; afin de pouvoir vuider l'une, fans que les autres reçoivent de l'air.

Du Chenil,

On ne parlera ici que des Chenils des Maifons de Cam-pagne des particuliers, lefquelles font le feul objet de cet ouvrage, & l'on dira en peu de mots, qu'on doit tenir le Chenil éloigné du Corps de Logis, afin qu'on n'y foit pas importuné du bruit des Chiens, ni bleffé de la mau-vaife odeur qu'ils produifent. Il faut le paver en pente ; pour que par une iffue pratiquée au travers du mur, les urines des Chiens s'écoulent dans un égoût. On y fait un baffin, quand il eft poffible d'y faire venir de l'eau ; finon, on y perce un puits, par le moyen duquel on puiffe laver ce lieu commodement.

Le Chenil doit être expofé au Nord, & il doit y avoir une cour particuliére, pour que les Chiens puiffent s'y vuider : il la faut entourer d'arbres qui les garantiffent de l'ardeur du Soleil, & il ne faut point la paver, afin qu'ils y trouvent du chiendent à manger.

On peut y joindre une petite chambre à cheminée, pour y faire la foupe des Chiens, & une autre où couchera le Piqueur, ou le Valet de Chien. Il doit auffi y avoir un lieu particulier, fervant à renfermer les Lices en chaleur avec les Chiens dont on veut tirer race , & un autre lieu pour celles qui nourriffent.

Les autres Bâtimens néceffaires aux Maifons de Campagne , fe placent ordinairement dans une arriere baffe-cour. Comme leurs ufages & l'ordre dans lequel ils doivent être arrangés , font connus de tous ceux qui font valoir leurs Terres, il feroit inutile d'en faire ici le détail.

CHAPITRE VI.

De la Glaciére , & des moyens de conferver la Glace & la Neige.

LEs Glaciéres doivent être placées dans un lieu élevé; par-là, le fond s'en trouve plus éloigné des eaux; celles des orages qui coulent en abondance, ne pourront y pénétrer, & celles qui tomberont à l'entour, s'écouleront avec plus de facilité; ce qui eft très-important, puifque ce font les eaux qui font ordinairement fondre la Glace.

Plus la Glaciére eft grande & creufe, plus elle eft propre à conferver la Glace. Pour la conftruire, on fait un trou en forme de cone, d'environ dix-huit à vingt pieds de diametre par le haut, fur trois à quatre toifes de profondeur, fuivant que l'eau fouterraine en eft éloignée; car il faut bien prendre garde de creufer jufqu'aux fources; & le niveau de l'eau des puits, doit déterminer la profondeur des Glaciéres, dont le fond doit être à quelques pieds au-deffus de la plus grande hauteur des eaux.

La terre étant ainfi excavée, on fera dans le fond un puits de cinq pieds de diametre, & de quatre de profon-

deur, dans lequel on élévera quatre piliers de Maçonnerie, que l'on fermera en arcade, & fur lefquels on établira le revêtement de la Glaciére, en obfervant de laiffer
une retraite de trois pouces pour y placer un Rouët de
charpente. On voute quelque fois les Glaciéres, ce qui
leur procure plus de fraîcheur. Lorfque la terre eft affez
folide pour fe foutenir d'elle-même, on peut épargner
la dépenfe de les revêtir de Maçonnerie, & fe contenter
pour cela de charpente, que l'on latte ; mais dans cette
derniere façon, il arrive fouvent que les eaux d'orage
s'y infinuent par les trous que font les Taupes, pour y
chercher de la fraîcheur, & que la grande chaleur y fait
fondre la Glace , en s'introduifant par les fentes qu'elle
caufe à la terre.

Sur le trou de la Glaciére, on éléve en forme de cone,
un comble qui porte fur fon revêtement, & qu'on couvre
de paille de l'épaiffeur de deux pieds. Pour y parvenir,
on y pratique du côté du Nord une petite Galerie de huit
pieds & demi de longueur, fur deux pieds & demi de largeur , que l'on ferme de deux portes placées aux deux
extrémités, & qu'il faut ajufter de façon que cette Galerie ne reçoive aucun jour.

De la façon de mettre la Glace dans les Glaciéres.

Il faut, autant qu'il eft poffible, choifir pour cela un
jour froid & très-fec. On couvre d'abord d'une paille de
feigle entiére & non rompue le Rouet de charpente qui
eft au fond de la Glaciére : on a foin de revêtir de la même paille les parois du cone, à mefure qu'il fe remplit, &
de caffer & piler la Glace en la couchant lit fur lit, afin
de comprimer mieux les parties. Pour qu'il n'y refte aucun
vuide, on jette de tems en tems de l'eau deffus, laquelle

en se gelant, réunit les différens morceaux brisés & n'en forme qu'une masse, qui se conserve beaucoup mieux que des glaçons qu'on auroit mis l'un sur l'autre sans précaution.

Quoique la pratique qu'on vient d'enseigner, soit ordinaire, il s'y trouve cependant un défaut, qu'il est bon de marquer ici, & qui consiste, en ce que la paille placée sur le Rouet & contre les Parois, se pourrissant, produit un Sel qui ne manque pas de faire fondre la Glace, ainsi il seroit beaucoup mieux de supprimer cette paille, & de mettre seulement sur le Rouet des brins de fagot.

Lorsque la Glaciére est pleine, on couvre la glace de paille de seigle en son entier, sur laquelle on met des planches qu'on charge de grosses pierres.

La glace ainsi ajustée, devenant un corps très-solide, il faut, lorsqu'on en veut avoir, se servir de coignées; mais ensuite il est nécessaire de la nettoyer exactement de tous les petits morceaux qui en seront rejaillis, parce qu'ils se fondent aussi-tôt qu'ils sont éventés, & endommagent la masse de la glace.

Quand ne pouvant avoir de glace, on se sert de neige, il faut en faire des boules, que l'on bat dans la Glaciére le plus qu'il est possible, en les arrosant de tems en tems avec un peu d'eau.

Ce n'est qu'avant que le Soleil se léve, ou que peu de tems après qu'il a paru, qu'on doit ouvrir les Glaciéres; ayant attention en y entrant, de refermer la premiere porte de la petite Galerie, avant que d'ouvrir la seconde, & de fermer en sortant, la porte qui est en dedans, avant que d'ouvrir celle qui est en dehors, de crainte que l'air extérieur n'y pénétre.

CHAPITRE VII.

De la forme du Plan du principal Corps de Logis , & de ce que l'on doit obferver pour y placer les Croifées.

ON a ci-devant parlé de la pofition & de l'expofition du principal corps de Logis des Maifons de Campagne; il s'agit ici de s'expliquer fur la forme de fon Plan.

Le Plan du principal corps de Logis , doit avoir une forme agréable : c'eft d'elle que dépendent l'élégance & la beauté des façades.

La largeur des Pavillons ou avant-corps , doit être proportionnée à la longueur & à la hauteur des façades.

Ceux de la face du Jardin doivent avoir très-peu de faillie. Quand on eft obligé de leur en donner beaucoup, il faut que ce foit avec des formes , ainfi qu'on le voit dans une partie des projets qui compofent cet Ouvrage.

Le Pavillon du milieu doit , autant qu'il fe peut , dominer en largeur & en faillie fur ceux des extrémités ; & les parties qui font entre ces Pavillons , doivent avoir chacune plus, ou du moins autant de longeur que celui du milieu. Lorfque les façades n'ont pas affez d'étendue pour le permettre , il faut donner des formes aux avant-corps , pour pouvoir retreffir leurs faces par des pans coupés ou autrement , & les faire cadencer avec les parties qui les réuniffent , ainfi qu'on en donne plufieurs exemples.

La façade fur la cour eft plus élégante & plus dégagée , lorfqu'elle eft traitée de la maniére qui vient d'être prefcrite pour celle du côté des Jardins. On peut cependant s'écarter de cette régle , quand on eft obligé d'augmenter

les

les logemens, ou qu'on veut placer des Cuifines & des Offices dans les aîles.

On peut percer d'une ou de trois croifées le Pavillon du milieu d'une façade : jamais on ne lui en donne deux ; ce feroit offenfer le bon fens, qui ne peut fouffrir que le milieu d'une façade foit marqué par un trumeau, & qui veut au contraire qu'il le foit par une porte ou une croifée, qui.fe diftingue des autres par fa largeur, fa forme & fa décoration. Lorfque la largeur du Pavillon ne permet pas d'y placer de front trois croifées, & qu'elles font néanmoins néceffaires, pour éclairer la piéce qu'il contient, il faut donner à · ce Pavillon des formes telles qu'on en voit ici dans plufieurs diftributions.

· On perce indifféremment d'une, de deux, ou de trois croifées, les Pavillons ou Avant-corps des extrémités ; mais il faut obferver que la largeur de l'encognure furpaffe celle d'une croifée ; ce qui eft effentiel pour la folidité du Bâtiment.

Enfin, les croifées doivent garder entr'elles une parfaite fymmétrie dans chaque partie des façades.

Il faut éviter les formes de Bâtiment, qui pourroient occafionner des difficultés pour la conftruction des Combles ; & l'on doit abfolument étudier cette derniére partie, avant que d'arrêter le plan, de crainte d'être obligé de recourir à des expédiens qui font fouvent coûteux, & qui produifent quelquefois un coup d'œil défagréable.

Il faut avoir la même attention pour les retours des Corniches.

CHAPITRE VIII.

De la diſtribution du Rez-de-Chauſſée du principal Corps
de Logis des Maiſons de Campagne.

IL y a quatre objets principaux dans la diſtribution des
Maiſons de Campagne ; ſçavoir, l'Œconomie, la Convenance, la Commodité & la Beauté.

L'Œconomie exige que l'Architeſte régle l'ordonnance des Bâtimens avec tant de juſteſſe, que la dépenſe n'ex-
cède pas celle qu'on ſe propoſe de faire.

La Convenance demande que l'ordonnance ſoit con-
forme à l'état de la perſonne qui fait bâtir.

La Commodité & la Beauté conſiſtent en la diſpoſition
des Piéces, faite ſi à propos, que chacune ſoit placée &
dégagée ſuivant ſon uſage ; qu'il n'en manque point d'u-
tiles ; qu'elles ayent une grandeur convenable à leur deſ-
tination ; qu'elles ſoient bien éclairées ; que les croiſées
ſoient placées en ſymmétrie dans chaque Piéce ; qu'en entrant d'une Piéce dans une autre, il s'offre en face & non
en partie, un objet marqué, tel qu'une Porte, une Croiſée
ou un Trumeau ; qu'enfin les Portes des principaux Appartemens ſoient en enfilade, & qu'il ſe préſente une Croiſée
à chaque bout.

De la poſition du principal Eſcalier.

Pluſieurs Architeſtes ſont du ſentiment de placer le
grand Eſcalier à la main droite du Bâtiment, parce que
nous ſommes naturellement inclinés à chercher ce dont
nous avons beſoin, plutôt de ce côté-là que de l'autre ; mais
il eſt des cas où cet Eſcalier ainſi ſitué, pourroit rompre

l'harmonie de la diftribution , fur-tout aux Maifons de Campagne, où l'on place le Cabinet d'affemblée au lieu le plus avantageux, & le plus capable de fournir d'agréables vûes. Comme la pofition de ce Cabinet, détermine prefque toujours l'ordre dans lequel on doit diftribuer le furplus des Piéces du rez-de-chauffée, & qu'il vaut mieux s'attacher à ce qui convient à la difpofition générale d'un Bâtiment, que de fuivre fcrupuleufement de certains préceptes particuliers, on croit qu'on peut fort bien placer un grand Efcalier à la gauche, quand on a des raifons effentielles pour le faire.

Cet Efcalier doit être en vûe , fe préfenter & fe diftribuer aifément. Pour cet effet , les Anciens le plaçoient d'ordinaire dans le milieu de la façade ; mais comme ils lui donnoient une conftruction qui n'offroit rien d'agréable, ainfi qu'on le voit au Palais du Luxembourg à Paris, on a trouvé plus à propos de décorer ce milieu d'un Veftibule , à côté duquel on a rangé l'Efcalier.

On en place auffi aux extrêmités du Bâtiment, lorfqu'on veut avoir de longues enfilades ; mais comme elles font peu en ufage aux Maifons de Campagne, elles n'y déterminent point la pofition de l'Efcalier.

Dans ces deux derniéres pofitions, fçavoir, à côté d'un Veftibule, où aux extrémités d'un Bâtiment , il eft certain que l'Efcalier occupe dans les Maifons de Campagne un terrein qui fe peut employer avec plus d'utilité. D'ailleurs, fi on le place à une extrémité , pour que du Salon du milieu on puiffe y communiquer à couvert, on fera obligé de rendre plufieurs Piéces communes ; & fi le Bâtiment a beaucoup de face, & qu'ainfi l'on foit dans la néceffité de mettre un principal Efcalier à chaque extrêmité, il faudra donner encore paffage par un plus grand nombre de Piéces.

Comme l'œconomie eſt le principal objet de cet Ouvrage, & qu'on s'y propoſe de faire trouver beaucoup de
commodités dans une petite étendue, on s'eſt étudié à
placer avec plus de grace qu'on ne le faiſoit autrefois, le
principal Eſcalier au milieu du Bâtiment, parce qu'en effet
cette ſituation procure plus de logement.

On donne pluſieurs exemples de ce qu'on a médité ſur
ce ſujet, & l'on oſe ſe flater que les Connoiſſeurs trou-
veront qu'on a arrangé cet Eſcalier avec quelque art,
qu'il ſe préſente noblement du côté de la Cour, que de
la porte du Salon il plaît à la vûe, qu'il diſtribue agréable-
ment au premier étage ; & qu'enfin il donne lieu à beaucoup plus de commodités.

Parmi ces exemples, on peut jetter les yeux ſur la quatriéme diſtribution de la premiere forme de vingt toiſes de
face, Planche 89. On y a pratiqué au rez-de-chauſſée,
quatre Appartemens de Maîtres très-complets, & un trés-
beau pour la Compagnie ; ce qu'on n'auroit pû faire, ſi
l'on n'eût pas placé l'Eſcalier dans le milieu de la face du
Bâtiment.

Il eſt néceſſaire de placer aux deux extrémités des Bâtimens un peu conſidérables, de petits Eſcaliers de dégagement, par leſquels les Domeſtiques puiſſent deſcendre, pour vuider les Garderobes du premier étage. Ils
évitent par ce moyen de paſſer par le grand Eſcalier ſous
les yeux des Maîtres, & de faire du bruit dans les Corridors. Ces Eſcaliers ſervent auſſi à monter dans les Greniers.

On pratique de petits Eſcaliers pour monter aux Entre-ſoles que l'on fait ſur les petites Piéces des Appartemens. Ce ſeroit un défaut que de placer les Eſcaliers
contre les Cloiſons des Chambres à coucher, parce que
le bruit continuel qui s'y fait, rendroit ces Piéces inha-
bitables.

On parlera plus amplement des Efcaliers dans le Chapitre de leur conftruction.

De la diſtribution des Piéces.

La grandeur des principales Piéces doit être réglée fuivant l'état du Maître, & l'étendue du Bâtiment. Il faut obferver entre leurs grandeurs particuliéres une forte d'harmonie; d'autant que fi l'on faifoit un vafte Salon, & que les autres Piéces principales fuffent beaucoup plus petites, il arriveroit qu'en proportionnant à la grandeur du Salon l'élévation de fon plancher, les autres Piéces paroîtroient comme autant de flûtes, en gardant la même hauteur, ou que fi l'on prenoit une moyenne proportionnelle entre la grandeur du Salon & celle des autres Piéces, le plancher du Salon ne manqueroit pas d'être écrafé.

Ces défauts fe rencontrent en plufieurs de nos Bâtimens modernes, & pour ne tomber ni dans l'un ni dans l'autre, il faut que la grandeur du Salon n'excéde pas de trop celle des autres Piéces principales, & qu'il y ait entr'elles une certaine proportion : par ce moyen, on pourra élever un plancher qui conviendra à ces différentes Piéces.

Si néanmoins on vouloit abfolument avoir un Salon d'une étendue fort fupérieure, il faudroit alors que fa hauteur comprît celle de deux étages ; qu'il eût par conféquent deux rangs de croifées, & que l'enfoncement de fon plafond fût cintré, ainfi qu'on le voit aux Palais d'Italie ; mais ces fortes de Salons ne conviennent nullement aux Maifons particuliéres : Tandis qu'ils y cauferoient beaucoup de dépenfe, le grand efpace qu'ils y occuperoient, en ôteroit beaucoup de commodités.

· Il y a plufieurs fentimens fur la hauteur que doivent avoir les Planchers : Quelques-uns lui donnent les trois

quarts de leur largeur, d'autres les deux tiers. Cette derniére proportion paroît la plus convenable; & la moindre
élévation qu'ils puissent recevoir, est des trois cinquiémes
de la largeur de la principale Piéce. On doit se souvenir
qu'on n'entend parler ici que du rez-de-chaussée; car il
faut que les Planchers du premier étage des Maisons de
Campagne, ayent douze pieds de hauteur tout au plus, &
neuf pieds pour le moins.

Le Cabinet d'Assemblée, étant la principale Piéce &
la plus occupée, il doit être plus grand que les autres,
& on doit avoir soin de le placer avantageusement. Le
Salon du milieu du Bâtiment convient parfaitement à cet
usage: Le spectacle du Jardin s'y présente dans toute sa
beauté; & si le Bâtiment est simple, on peut encore y
jouir de celui de la Cour, & des vûes agréables qui s'of-
frent de tous côtés: Si le Bâtiment est double, ou semi-
double, le Vestibule étant fermé par des croisées, lui peut
servir d'Anti-chambre.

Le Cabinet d'Assemblée est encore heureusement situé
à une des extrémités du Bâtiment, lorsqu'un des Pignons
est favorisé d'une vûe divertissante: Cette position lui donne
d'autant plus de gaieté, qu'outre qu'on y jouit de cette vûe,
on a encore celle des Jardins.

Dans les Maisons un peu considérables, il est bon d'a-
voir, outre le Cabinet d'Assemblée, une petite Piéce où
le Maître & sa famille puissent se retirer dans les jours où
il ne se trouve pas de compagnie: On se plaît à habiter de
petits lieux, quand on est peu de monde.

Il n'est guères d'usage à la Campagne, de faire précéder
la principale Piéce par deux Anti-chambres; une seule y
suffit. Il est cependant bon, dans les Maisons un peu considérables, qu'il y ait près du Cabinet d'Assemblée une Piéce
où le Domestique puisse se tenir, & être à portée du ser-

vice, fans fe trouver fur le paffage des Maîtres. Lorfque
la Sale à manger eft voifine, elle peut fervir à cet ufage.
Une Garderobe à la proximité de ce Cabinet, eft auffi fort
néceffaire.

La Sale à manger ne doit pas être éloignée du Cabinet
d'affemblée. Il eft bon de l'expofer au Nord, ou entre le
Nord & le Levant, s'il eft poffible; afin qu'elle en foit
plus fraîche, & de lui procurer une vûe amufante. Il faut
pratiquer à côté, un petit Office pour ferrer les criftaux : Il
peut, quand les Cuifines font éloignées, fervir de réchauf-
foir dans les Maifons de peu de conféquence; mais à celles
qui font d'un ordre fupérieur, il faut un réchauffoir à part,
auffi bien qu'une Anti-fale pour la commodité du fervice.
La grandeur de la Sale à manger fe régle fur les facultés du
Maître.

Au rez-de-chauffée des Bâtimens un peu confidérables,
on pratique deux grands Appartemens à coucher, & un
petit. L'un de ces grands, eft deftiné pour les étrangers
d'importance, l'autre eft habité par la Maîtreffe de la maifon, & c'eft à côté de celui-ci qu'on place le petit, qui
doit être occupé par le Maître. Ces deux derniers Appartemens doivent avoir entr'eux communication. On met
à côté de la Chambre du Maître un Cabinet, dans lequel
les perfonnes qui ont des affaires avec lui, puiffent entrer,
fans qu'elles paffent par les principaux appartemens. On
y joint auffi un Serre-papiers & deux Garderobes, l'une
pour coucher un Domeftique, qui doit avoir entrée dans
la Chambre, fans traverfer le Cabinet, l'autre pour y
placer la chaife percée, & le tout doit être dégagé. Si l'on
ne peut pratiquer de plein pied la Garderobe qui doit
fervir au Valet, il faudra le loger dans une Entre-fole, &
en ufer de même pour les autres appartemens.

Les principales Chambres à coucher, doivent être plus

larges que longues ; fur-tout, lorfque leur longueur eft au deſſous de vingt pieds, afin que le lit foit placé dans leur largeur avec plus de grace, & qu'il ne fe trouve pas trop prés de la cheminée.

Il faut, autant que cela fe peut, placer la cheminée dans le milieu de la longueur du mur de réfend, pour que les compartimens de menuiferie & la décoration du plafond foient en fymmétrie. Cependant fi le lit fe trouvoit alors trop voifin de la cheminée, il faudroit avancer celle-ci du côté des croifées, & il feroit à propos d'arrondir les angles de la chambre du côté du lit, de façon que la décoration n'eût pas plus d'étendue depuis cette partie circulaire jufqu'à la cheminée, que celle qui lui fait fymmétrie du côté des croifées.

Lorfqu'on veut mettre un lit dans un alcove, la partie de la chambre, qui fe trouve depuis l'alcove jufqu'aux croifées, doit former un carré parfait, & il faut que la cheminée foit fituée au milieu de cette partie.

Il faut que les principales chambres à coucher foient accompagnées d'un cabinet d'une grandeur raifonnable ; d'un arriére-cabinet, & de deux garderobes, avec des dégagemens. On peut auffi y ajoûter un troifiéme petit cabinet, qui renferme un lit de repos, & auquel on donne le nom de Boudoir : On y fait auffi plufieurs petits réduits, qui ont divers ufages.

Il faut éviter d'expofer à l'Occident les principales chambres à coucher, parceque cette expofition, où le Soleil darde fes rayons depuis midi jufqu'à ce qu'il difparoiffe, y cauferoit dans l'Eté une chaleur infupportable, qui empêcheroit de dormir tranquillement, & feroit par conféquent nuifible à la fanté.

Enfin, on pratique fur les petites Piéces, des entre-foles, qui fervent non-feulement à coucher des Domeftiques,

mais

mais encore à couper la hauteur du plancher, qui paroî-
troit trop élevé, eû égard au peu d'étendue de ces Piéces.

A l'égard de la Chapelle, l'usage de la placer eſt diffé-
rent en beaucoup de Diocèſes. Il eſt permis dans les uns
de la renfermer dans le Corps de Logis, même dans des
Armoires, pourvû que ce ne ſoit pas dans une chambre à
coucher, mais que ce ſoit dans un lieu dont l'uſage n'ait
rien d'indécent. En d'autres Diocèſes, on veut qu'elle ſoit
iſolée de tous les Bâtimens. C'eſt à l'Architecte à ſe faire
inſtruire de la régle du Païs, avant que de fixer la poſition
de la Chapelle.

Pour que les papiers ſoient en ſûreté & garantis du feu,
on doit les renfermer dans une Piéce qui ſoit voutée; &
afin que cette Piéce ne ſoit pas ſujette à l'humidité, ſon
aſpect, ſuivant quelques Auteurs, doit être au Nord;
mais on eſtime que cet aſpect, recevant de côté les vents
du Couchant, qui ſont les plus humides, un Chartrier
ſeroit encore mieux expoſé entre le Nord & le Levant,
où il ſe trouveroit favoriſé le matin de la chaleur du Soleil. Il faut pratiquer de petites voutes ſous ſon plancher,
ainſi qu'on l'a dit ailleurs.

On ne dira rien ici des Galeries ni des Bibliothéques,
parcequ'on n'en conſtruit que dans des Châteaux conſidérables, dont on n'a pas entrepris de parler.

Comme pluſieurs perſonnes aiment mieux employer à
d'autres commodités, l'eſpace qu'occuperoit une Sale de
Billard, il eſt à propos que l'Architecte conſulte le goût
de celui qui fait bâtir, avant que d'en placer une ſur ſa
diſtribution. En cas qu'on en ſouhaite une, il faudra ob-
ſerver de ne la mettre ni trop près ni trop loin du Cabinet
d'aſſemblée, ni trop proche des Chambres à coucher, à
cauſe du bruit.

CHAPITRE IX.

De la Diſtribution du premier Etage des Maiſons de Campagne.

LEs Corridors donnant la facilité de faire beaucoup de petits appartemens de Maîtres, à chacun deſquels on peut faire des dégagemens, on s'eſt mis dans l'uſage d'en pratiquer à toutes les Maiſons de Campagne. Néanmoins le bruit qui en provient, incommodant les Maîtres qui couchent au premier étage, quelques perſonnes ont penſé que pluſieurs Eſcaliers, pour monter aux différens appartemens, y procureroient beaucoup plus de repos, & feroient plus utiles qu'un Corridor, qui outre l'incommodité du bruit, a encore l'inconvénient d'occuper beaucoup de terrein ; mais ces perſonnes n'ont pas fait attention, qu'afin que les Maîtres puiſſent parvenir à couvert à ces Eſcaliers, il faut, tant au rez-de-chauſſée qu'au premier étage, rendre communes pluſieurs Piéces, dont on peut ſe ſervir plus profitablement, & qu'en ſuivant leur idée, il n'eſt pas poſſible d'établir autant d'appartemens de Maîtres, qu'un Corridor en peut procurer.

A l'égard du ſon importun des Corridors, outre les petits Eſcaliers qu'on a conſeillé de mettre aux deux extrémités du Bâtiment, pour le ſervice des Domeſtiques, on a donné dans les Diſtributions contenues dans ce Livre, pluſieurs arrangemens utiles, pour que les Maîtres ne ſoient troublés ni dans leur ſommeil, ni dans leurs occupations.

Comme on préſente un grand nombre de ces diſtributions, & qu'elles ſont fort variées, il ſera aiſé d'y apprendre la maniére de diſtribuer le premier étage des Maiſons de Campagne, avec le plus de commodité qu'il se pourra ; ainsi il suffira de dire, qu'au premier Etage des Châteaux un peu considérables, on doit construire un ou deux Appartemens principaux, composés d'une Anti-chambre, d'une Chambre, d'un Cabinet, & d'une ou deux Garderobes, le tout d'une moyenne grandeur ; & qu'il n'est pas besoin de donner aux autres, plus d'une Chambre & d'une ou deux Garderobes.

L'art de bien distribuer, est si intéressant pour tous les Etats, soit pour les plus grands Seigneurs, soit pour les moindres Particuliers, qu'on doit s'y appliquer pour le moins autant qu'à la science de proportionner élégamment les Ordres de l'Architecture, & de les employer avec succès. Celle-ci n'a pour objet que les Edifices publics & les Palais, au lieu que non-seulement ces mêmes Bâtimens, quelque superbes qu'ils fussent, resteroient imparfaits sans une distribution aussi belle que commode ; mais que cette partie est encore d'un usage continuel & d'une utilité infinie pour les Maisons de toute espéce, & qu'elle doit surtout être préférée à la Décoration dans celles qui sont ordinaires.

Peu d'Eléves cependant s'éxercent sur un Art aussi essentiel : A peine peuvent-ils copier un Plan, qu'ils poussent la témérité jusqu'à tenter de faire l'Ordonnance d'un Temple, & la Distribution d'un magnifique Hôtel. Eblouis du cahos qu'ils ont produit, ils dédaignent de tourner leur étude vers d'autres objets plus simples, & leur vanité aussi grande que leur ignorance, les porte à s'annoncer pour Architectes dans le Public.

Il y en a même qui n'ayant qu'une légére connoissance de l'Architecture, osent s'établir en cette qualité, ou par le secours de jeunes Dessinateurs sans expérience, qui composent & tracent pour eux des projets, ou se servant mal-

adroitement des Ouvrages des hommes habiles, fur lefquels ils l'emportent fouvent par de lâches artifices, auprès
des perfonnes qui ne font pas éclairées fur ce fujet.

La diftribution des Bâtimens fe diverfifiant à l'infini, par
rapport à leurs différentes grandeurs , à leurs ufages , & à
la dépenfe qu'y veulent faire ceux qui font bâtir, on n'a
pû donner que des idées générales fur ce fujet ; mais l'explication des Projets que ce Livre renferme, en fournira de
plus particuliéres ; & comme elle doit fuivre naturellement ce qu'on vient de dire , ce ne fera qu'après l'avoir
donnée , que l'on parlera de la Conftruction & de la Décoration.

Fin de la premiere Partie.

Premier Etage 1ere Distribution

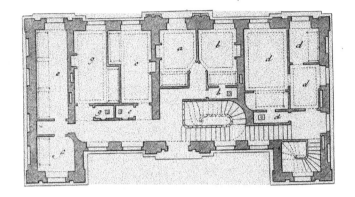

Rez de Chaussée 1re Distribution

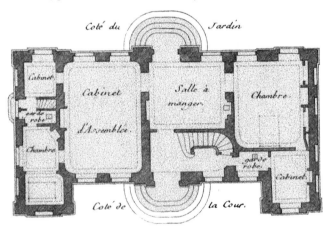

Coté du   Jardin

| Cabinet |
| garde robe |
| Chambre |

Cabinet

d'Assemblée.

Salle à manger

Chambre

garde robe

Cabinet

Coté de   la Cour.

10 toi

L'ART DE BÂTIR
DES
MAISONS DE CAMPAGNE.

✳✳✳✳✳✳✳✳✳✳✳✳✳✳✳ ✳✳✳ ✳✳✳✳✳✳✳✳✳✳✳✳✳✳✳✳✳✳✳✳✳✳✳✳✳✳✳

SECONDE PARTIE,

Laquelle comprend plufieurs diftributions fur quatre Formes diffé-
rentes, leurs Elévations & leurs Coupes, pour conftruire un
Bâtiment de dix toifes de Face.

CHAPITRE PREMIER.

De la premiere Forme, contenant trois différens Plans de diftri-
butions, tant pour le Rez-de-Chauffée, que pour le premier
Etage, avec l'Elévation de la Face fur la Cour, & celle de
la Face fur le Jardin, & leur Coupe.

REZ-DE-CHAUSSÉE

De la premiere Diftribution.

Planche premiere.

E Rez-de-Chauffée eft pour un Corps de Logis fimple, de vingt & un pieds de largeur
dans œuvre.

On entre de la Cour, par le milieu de la
Façade, dans un Veftibule, où l'Efcalier
eft placé. On paffe de ce Veftibule dans un Salon, qui

fervira de Sale à manger, & de commune Anti-chambre à un principal Appartement à coucher & au Cabinet d'af-femblée. Le premier a pour commodités un Cabinet & une Garderobe, qui a fon dégagement par l'Efcalier.

Le Cabinet d'affemblée a beaucoup de gayeté, étant éclairé fur la Cour & fur le Jardin. A côté de cette piéce, on trouve une petite Chambre avec un Lit en niche, une Garderobe, un petit Efcalier fervant à monter à une En-trefole deftinée à coucher un Domeftique, & plus loin un Cabinet donnant fur le Jardin : Le tout eft dégagé par le Pignon.

PREMIER ETAGE

De la premiere Diftribution.

Planche premiere.

Le premier Palier de l'Efcalier, eft commun à deux Rampes : l'une fert à monter à un principal Appartement d. compofé d'une Anti-chambre, d'une Chambre, d'un Ca-binet & d'une Garderobe. Dans la faillie du Pavillon du même côté, eft un petit Efcalier, pour monter au Gre-nier.

Par l'autre Rampe du grand Efcalier, on arrive à un Corridor, qui donne communication à quatre Chambres, dont trois ont chacune une Garderobe, pour y placer une chaife percée, & a deux Pieces marquées e. & f. dont l'une contient trois lits, & l'autre un feul, pour coucher des Domeftiques.

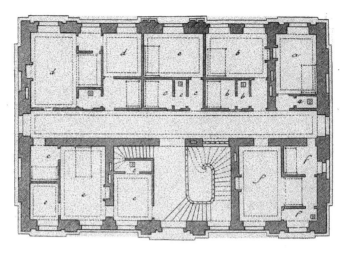

Rez de Chaussée 2ᵉ Distribution

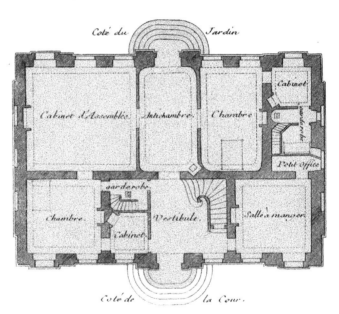

Coté du Jardin

Cabinet

Cabinet d'Assemblée   Antichambre   Chambre

garderobe

Petit Office

garderobe

Chambre   Vestibule   Salle à manger

Cabinet

Coté de la Cour

R E Z-D E-C H A U S S E'E

De la deuxiéme Diftribution.

Planche 2.

Cette diftribution eft pour un femi-double de trente-fix pieds de largeur dans œuvre. A ce Rez-de-chauffée, on entre de la Cour, par le milieu de la Façade, dans un Veftibule qui renferme l'Efcalier. Cette piéce donne communication dans une Anti-chambre, à l'un des angles de laquelle on a pratiqué un tuyau, pour faire exhaler la fumée d'un Poéle : de, cette Anti-chambre on paffe d'un côté, dans un grand Cabinet d'affemblée, auprès duquel eft une Chambre à coucher, avec un Cabinet & une Garderobe, qui a fon dégagement par le Veftibule, & dans laquelle eft un petit Efcalier, pour monter à une Entrefole. De l'autre côté de la même Anti-chambre, on entre dans une autre Chambre à coucher, qui a les mêmes commodités que la précédente. Enfin du Veftibule on paffe par deffous l'Efcalier, dans la Sale à manger, à côté de laquelle eft un petit Office.

P R E M I E R   E T A G E

De la deuxiéme Diftribution.

Planche 2.

A ce premier Etage, étant arrivé fur le grand Palier du grand Efcalier, on entre dans l'Anti-chambre du principal Appartement, qui outre cette premiere piéce, a une Chambre, un Cabinet & deux Garderobes, derriére l'une defquelles eft un petit Efcalier, pour monter au Grenier.

Le grand Palier ci-deſſus, conduit auſſi dans un Corridor, qui ſert de dégagement à cinq Chambres, trois deſquelles ont chacune deux Garderobes : La quatriéme a un Cabinet de plus, & la cinquiéme n'a qu'une Garderobe.

Rez-de-chauſſée

De la troiſiéme Diſtribution.

Planche 3.

Ce Plan repréſente un Corps de Logis double, de quarante-quatre pieds de largeur dans œuvre. La cage de l'Eſcalier ſert de Veſtibule ; & pour y entrer de la Cour, on ne monte que trois marches, afin d'avoir plus d'échappée ſous la ſeconde Rampe, qui ſe trouve au-deſſus de la Porte d'entrée. Au bout de ce Veſtibule, on en monte trois autres, pour arriver à une eſpéce de Periſtyle circulaire, qui diſtribue à la premiere rampe de l'Eſcalier & au Salon, & qui ſert auſſi à dégager les Garderobes de deux Appartemens à coucher.

À la vûe de l'Eſcalier qui ſe préſente ici, on ſe ſouviendra, ſans doute, de la promeſſe que l'on a faite au Chapitre huit de cette premiere Partie, d'en placer au milieu de la face du Bâtiment, un qui eût plus de grace, & qui par ſa poſition procurât plus de commodités, que ceux qui y étoient ci-devant mis en uſage. On pourra en juger par celui-ci, & par les autres qu'on donnera dans la ſuite ; mais on en jugera encore mieux par l'exacte deſcription qu'on en fera ſur un Profil en grand, dans la premiere Partie du deuxiéme Volume.

Pour revenir à notre Diſtribution, le Salon dans lequel on entre par le Periſtyle ci-deſſus, eſt éclairé ſur le Jardin

d'une

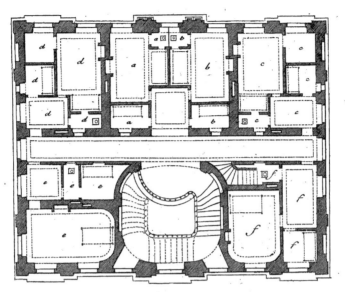

Rez de Chaussée 3ᵉ Distribution.

Coté du   Jardin.

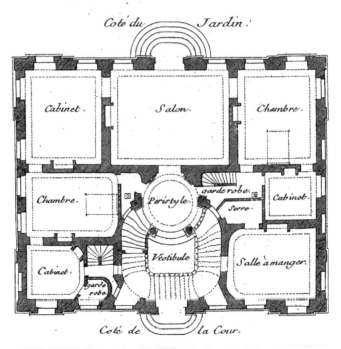

Coté de   la Cour.

d'une Porte vitrée & de deux Croifées : il communique dans un grand Cabinet, que les Maîtres peuvent occuper, quand ils ont peu de compagnie, & duquel on paffe dans une Chambre à coucher, accompagnée d'un autre Cabinet, d'un Serre-papier & d'une Garderobe. Ce dernier Cabinet eft dégagé par la cage d'un petit Efcalier, pratiqué pour monter à une Entre-fole. De cet Efcalier, on defcend dans le Veftibule par trois marches placées dans l'épaiffeur du mur. Au moyen de ce dégagement, le Maître peut faire entrer dans fon Cabinet ceux qui ont affaire avec lui, fans qu'ils paffent par l'Appartement.

Le Salon donne auffi entrée dans une feconde Chambre à coucher, près de laquelle on trouve un Cabinet & une Garderobe, où l'on a ménagé un petit Efcalier pour monter à une Entre-fole. On entre enfin dans la Sale à manger par le Veftibule, & l'on a placé une petite Serre à côté de cette Sale.

Premier Etage

De la troifiéme Diftribution.

Planche 3.

Du grand Palier de l'Efcalier, on entre d'abord dans un Corridor, qui communique à fix Appartemens. Deux marqués *c. d.* font compofés chacun d'une Anti-chambre, d'une Chambre, d'un Cabinet, & de deux Garderobes. Les deux marqués *a. b.* ont une efpece d'Anti-chambre commune, que l'on pourroit fermer & éclairer par une Porte vitrée du côté du Corridor; & les deux autres Appartemens marqués *e. f.* ont chacun une Anti-chambre, une Chambre & deux Garderobes. Enfin du Corridor, on monte par un petit Efcalier dans les Greniers.

T. I. Part. II.   E

Elevation

De la Face fur la Cour.

Planche 4.

Cette Face eft décorée de trois Avant-corps. Celui du milieu eft percé au Rez-de-chauffée d'une Porte en plein Cintre, accompagnée de deux corps de Pilaftres, qui font réunis au deffous du Plinthe par une petite platebande ; & le tout eft couronné d'une Corniche, faifant reffaut fur ce Plinthe.

On a placé au premier étage deux larges Pilaftres, qui portent un Fronton triangulaire, dont la bafe eft interrompue entre les deux Pilaftres, afin de pouvoir donner plus de grandeur au Cartouche qui couronne la Croifée du milieu. Cette Croifée eft dans un renfoncement, qui eft terminé en anfe de panier dans le tympan du Fronton ; ce qui donne de la légéreté à cet Avant-corps.

Les deux Avant-corps des extrémités, font percés chacun d'une Croifée à chaque étage. Les Chambranles de celles du Rez-de-chauffée, font accompagnés de montans, & le tout eft couronné d'une Corniche, faifant reffaut fur le Plinthe ; ce qu'on a fait, pour donner à ces Croifées quelques rapport avec la Porte ; & on en a réfendu les Arriére-corps ; afin qu'elles fe diftinguaffent mieux.

Au premier étage, on a accompagné les Chambranles de chaque Croifée de ces Avant-corps, d'un double bandeau, qui s'amortiffant par le haut, forme un couronnement à ces Croifées, qui font accompagnées chacune de deux larges Pilaftres, ornés de tables en faillie, & retournés fous le plafond de la corniche,

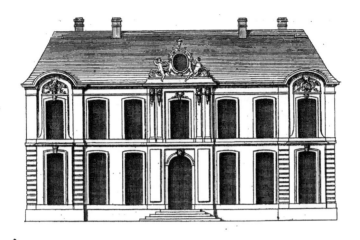

Elevation du côté de la Cour.

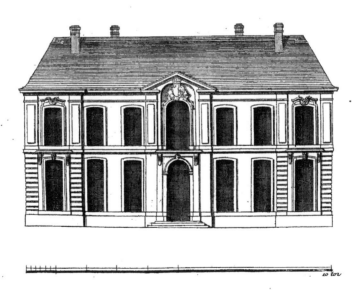

10 toi

de la M. Sc.

ELEVATION

De la Face fur le Jardin.

Planche 4.

Le Pavillon du milieu de cette Face, eft percé au Rez-de-chauffée, d'une Porte cintrée en anfe de panier : elle eft dans un renforcement formé par la faillie de deux corps, qui fervent de pieds d'eftaux aux pilaftres accouplés qui décorent le premier étage de ce Pavillon : ces pieds d'eftaux font ornés de tables en faillie, & leur nud fe réunit au deffous du Plinthe.

La Croifée d'au-deffus de cette Porte, eft auffi dans un renfoncement, qui répond à celui du Rez-de-chauffée ; & au moyen de ce renfoncement, les Pilaftres accouplés fe trouvent accompagnés chacun de deux arriére-corps égaux. Ce Pavillon eft terminé par un couronnement, dans lequel eft percé un œil de Bœuf, & qui eft accompagné de deux Génies.

Aux Pavillons angulaires, les Chambranles des Croifées du Rez-de-chauffée font accompagnés de montans : le tout eft couronné d'une Corniche, qui fait reffaut fur le Plinthe : on a réfendu les arriére-corps, & on a élevé fur eux au premier étage, deux corps unis qui portent un Fronton en anfe de panier, fans bafe, & dans le tympan duquel eft un renfoncement cintré & tracé des mêmes centres de ce Fronton.

La Croifée qui eft au premier étage de chaque Pavillon, eft accompagnée de doubles bandeaux. Celui de ces bandeaux qui fait arriére-corps, naît en congé de l'aplomb des montans de la Croifée qui eft au-deffous, lefquels paroiffent fervir d'embafement à la premiere.

E ij

DE LA COUPE

De la premiere Forme d'un Bâtiment de dix toifes de face.

Planche 5.

Cette Coupe eft prife fur le Veftibule, le Periftyle & le Salon de la troifiéme Diftribution de cette première Forme, Planche 3.

CHAPITRE II.

De la feconde forme d'un Bâtiment de dix toifes de Face, fur la-quelle forme on donne deux différentes Diftributions, avec les Elévations des Faces fur la Cour & fur le Jardin, & leur Coupe.

REZ-DE-CHAUSSÉE

De la premiere Diftribution.

Planche 6.

CEtte Diftribution eft pour un Corps de Logis de vingt-deux pieds de largeur dans œuvre. La Face fur la Cour, eft flanquée de deux aîles qui faillent fur cette Face de treize pieds.

Le Salon eft placé au milieu, il occupe toute la lar-geur du Bâtiment, & l'on y joüit de la vue de la Cour & de celle du Jardin. Il a communication avec l'Efcalier, par un paffage de cinq pieds de largeur, & cet Efcalier a auffi une entrée par la Cour.

Coupe prise sur le Vestibule et le Salon de la Planche 3

Premier Etage 1ᵉʳᵉ Distribution

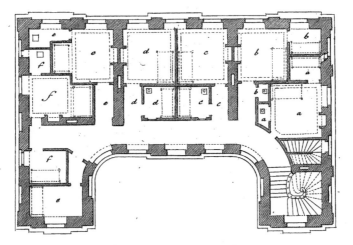

Rez de Chaussée 1ᵉʳᵉ Distribution

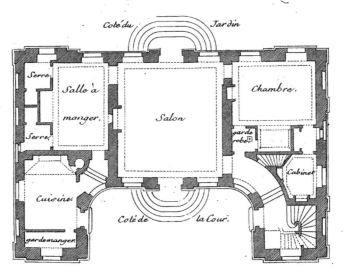

On paſſe du Salon dans une Chambre à coucher, dont le lit eſt placé dans une niche. On a pratiqué à un des angles de cette chambre, une Garderobe qui ſe dégage dans le paſſage de l'Eſcalier, & qui a une troiſiéme porte, par laquelle un Domeſtique a la facilité de s'introduire dans la niche, afin qu'il puiſſe aider à faire le lit, ſans qu'on ſoit obligé de le tirer totalement dans la Chambre. On trouve à l'autre bout de cette niche, un autre paſſage qui conduit au Cabinet de cet Appartement, & dans lequel on peut placer un armoire. A côté du Cabinet, eſt un petit Eſcalier pour monter à une Entre-ſole, qui ſervira à coucher un Domeſtique.

De l'autre côté du Salon, eſt placée la Sale à manger: on y a pratiqué un Buffet, au deux bouts duquel ſont deux petites Serres, qui ont chacune un Armoire. De la même Sale on entre dans un paſſage, où l'on deſcend trois marches pour arriver à la Cuiſine, qui a une iſſue dans la Cour par deux autres marches.

On a eu la précaution de faire monter de la Cour à la Cuiſine par deux marches, & de la Cuiſine à la Sale à manger par trois autres; afin que cette gradation devint équivalente aux cinq marches par leſquelles on parvient à l'entrée principale, & que par ce moyen on évitât de mettre aux aîles, des Perrons qui fuſſent auſſi de cinq marches, & qui n'auroient pas manqué par leur avance, de ſe trouver preſque réunis à celui du milieu, & de l'empêcher de dominer.

Premier Etage

De la premiere Diſtribution.

Planche 6.

Ce premier Etage contient ſix Chambres de Maîtres, dont les entrées ſont dans un Corridor. Les quatre Chambres marquées *a. b. e. f.* ont chacune deux Garderobes, & il n'y en a qu'une à chacune des Chambres marquées. *c. d.*

On a placé un petit Eſcalier à côté du grand, pour monter aux Greniers.

Rez-de-chausse'e

De la ſeconde Diſtribution.

Planche 7.

Ce Bâtiment eſt ſemi-double ; il a trente-trois pieds de largeur dans œuvre, & ſes aîles ont ſur la Cour treize pieds de ſaillie.

Par le milieu de la face du côté de la Cour, on monte cinq marches pour entrer dans le Veſtibule, où l'on a placé l'Eſcalier. Delà on paſſe au Salon, qui communique à un grand & à un petit Appartement à coucher. Le grand a pour commodités, un Cabinet & deux Garderobes, qui ont leur iſſue dans un paſſage qui méne du Veſtibule à la Cuiſine, & où l'on a pratiqué quatre marches, afin que cette deſcente procurât une hauteur ſuffiſante au plancher de cette Cuiſine, & permît en même tems de ménager au deſſus une Entre-ſole, pour y placer les Of-

Premier Etage 2.e Distribution

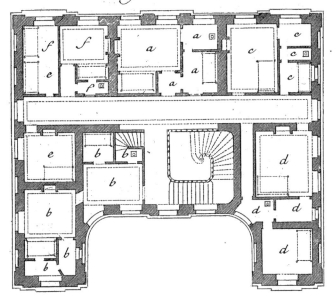

10 toi

Côte du
Rez de Chaussée

Jardin
2.e Distribution

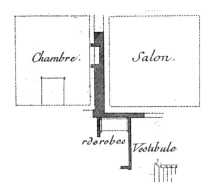

Chambre.

Salon.

rderobes Vestibule

Salle a
manger.

fices , aufquels on montera par un Efcalier placé à côté du paſſage ci-deſſus , & qui communiquera auſſi aux Entre-foles conftruites fur les Garderobes.

Le petit appartement à coucher , a de même que le grand , un Cabinet & deux Garderobes qui font dégagées par une porte pratiquée dans le pignon , & qui ont un pe-tit Efcalier pour monter à une entre-fole.

Le Veftibule donne entrée dans la Sale à manger, à côté de laquelle eft un petit Office.

PREMIER ETAGE

De la feconde Diftribution.

Planche 7.

Il eft partagé en fix Appartemens. Quand on eft arrivé fur le grand Palier, on entre dans l'Antichambre du prin-cipal Appartement marqué *b*. Le lit de la Chambre eft dans une niche : à côté, font deux petites pièces, l'une defquelles peut fervir à une Toilette. Près de l'Anti-chambre , on a placé deux Garderobes , derriére lefquel-les on a pratiqué un petit Efcalier, qui a fon entrée fur le grand Palier.

De ce Palier on paſſe dans le Corridor , qui donne communication à cinq chambres. Celles qui font mar-quées *a. d. f.* ont chacune deux Garderobes. Celle mar-quée *c.* a un Cabinet de plus , & la derniére marquée *e.* n'a point de Garderobe ; mais on a placé deux lits de Domeftiques dans la Garderobe de l'Appartement *f.* qui eft en face.

ELEVATION

De la Face fur la Cour.

Planche 8.

Le milieu de cette Face eft orné d'un petit avant-corps formé au Rez-de-chauffée par la Porte, qui eft décorée d'un chambranle accompagné de montans ; le tout étant couronné d'une corniche, faifant reffaut fur le Plinthe. Deux corps de Pilaftres qui portent une efpece de Fronton en anfe de panier, produit par l'Aftragale de l'entablement, s'élèvent fur le pied-droit de cette Porte : en dedans de ces Pilaftres, font deux alettes, faifant arriére-corps, qui fe terminent par le haut, fuivant le cintre du Fronton, & qui renferment la croifée, au deffus de laquelle eft un Cartouche deftiné pour des Armes.

Les deux Pavillons qui flanquent cette élévation, fe réuniffent au Corps de Logis par des parties circulaires, & par rapport au peu de largeur du petit corps du milieu, on a retreffi leurs faces par un avant-corps, qui fait reffaut fous le plafond de la Corniche : on l'a orné de réfend, pour qu'il fe diftinguât mieux, & que les croifées fuffent plus apparentes.

ELEVATION

De la Face fur le Jardin.

Planche 8.

Les avant-corps de cette Face, étant un peu étroits, on a jugé à propos de les terminer fous le plafond de la Corniche ; au moyen de quoi, la partie fupérieure de

cette

Elevation du côté du Jardin.

Elevation du côté de la Cour.

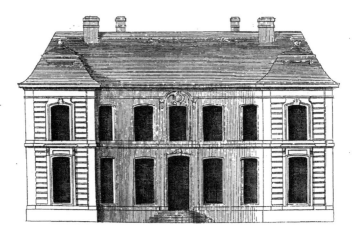

10 toi.

Coupe prise sur le Salon de la Planche 6.

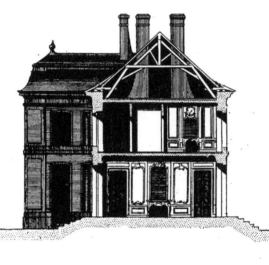

cette Corniche, ne fait aucun reſſaut ſur eux; mais bien ſa partie inférieure qui les couronne.

Une porte ruſtique, dont les jambages ont de largeur les deux tiers de celle de l'ouverture, marque le milieu de cette élévation. Sur ces jambages s'élévent au premier étage, deux corps ornés de tables en ſaillie, & le nud de ces corps ſe réunit ſous la Corniche par une petite bande; ce qui forme un renfoncement, dans lequel eſt placée une croiſée.

Les avant-corps des extrémités, ſont terminés par des pilaſtres de réfend. Les croiſées qui ſont à leur Rez-de-chauſſée, ſont décorées de chambranles accompagnés de deux montans qui portent une corniche, faiſant reſ-ſaut ſur le Plinthe. On a traité ainſi ces Croiſées, pour leur donner quelque rapport avec la Porte du milieu de la face.

Les renfoncemens qui renferment au premier étage les croiſées de ces avant-corps, ont auſſi de la ſymmétrie avec le renfoncement de la croiſée du milieu.

De la Coupe

De la ſeconde forme d'un Bâtiment de dix toiſes de face.

Planche 9.

Cette coupe eſt priſe ſur le Salon de la premiere diſtri-bution de cette Forme, Planche 6.

CHAPITRE III.

De la troiſiéme forme d'un Bâtiment de dix toiſes de Face, où l'on trouvera trois différentes diſtributions ſur cette forme, avec les élévations des deux Faces, & leur Coupe.

R E Z-D E-C H A U S S E'E

De la premiere Diſtribution

Planche 10.

CE Plan eſt pour un Corps de Logis ſimple de vingt & un pieds de largeur dans œuvre : ſes Pavillons ſaillent de quinze pieds ſur la face du côté de la Cour. Le Salon en occupe le milieu, & on l'a fait à pans, pour pouvoir y faire trois ouvertures ſur le Jardin.

Par une des portes de ce Salon, on paſſe dans une Chambre à coucher, à laquelle eſt joint un Cabinet, qui perce en deux Garderobes, qui ont leur dégagement ſur le Corridor de l'Eſcalier.

La Sale à manger s'ouvre auſſi par ce Salon, & cette Sale eſt accompagnée d'un Office & d'un Garde-manger : Elle donne paſſage dans un Corridor, où l'on a pratiqué trois marches, pour deſcendre dans la Cuiſine ; n'ayant pas jugé à propos d'y faire monter de la Cour par cinq marches, non plus qu'à la cage de l'Eſcalier, de crainte que par rapport au peu de diſtance, qui ſe trouve entre les Pavillons, les Perrons de ces parties n'euſſent touché celui par lequel on monte au Salon.

Premier Etage 1ere Distribution

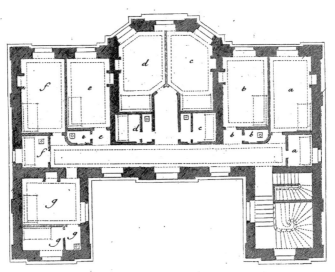

Rez de Chaussee 1ere Distribution

Côté du Jardin.

Salle à manger.

Salon.

Chambre.

garde manger. Office

Cabinet.

Cuisine.

Côté de la Cour

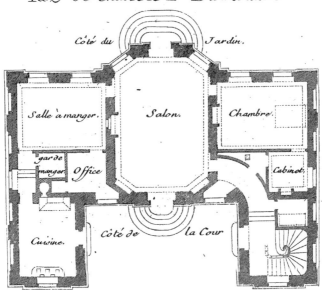

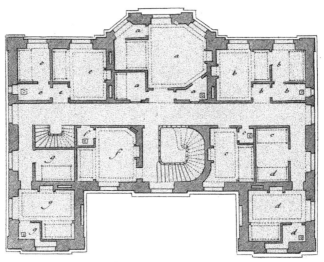

Rez de Chaussee 2.ᵉ Distribution.

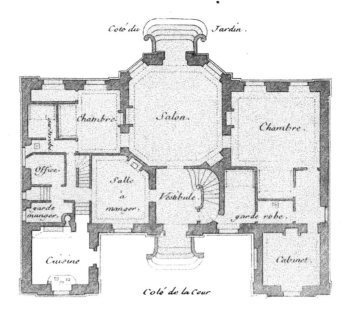

Coté du Jardin.

Chambre. Salon. Chambre.

Office. Salle à manger. Vestibule. garde robe.

garde manger.

Cuisine. Cabinet.

Coté de la Cour.

10 toi.

De la Cour on monte à la cage de l'Efcalier par deux marches , & tout proche on en trouve trois autres qui conduifent à un Corridor , dans lequel le Salon a une iffue.

PREMIER ETAGE

De la premiere Diftribution.

Planche 10.

Le premier étage contient fept Chambres , dans lefquelles on entre par un Corridor. Les trois qui font marquées *c. d. g.* ont chacune deux Garderobes , & chacune des quatre autres n'en a qu'une.

Le petit Efcalier pour monter aux Greniers , eft placé à côté du grand.

REZ-DE-CHAUSSE'E

De la feconde Diftribution.

Planche 11.

Cette diftribution eft pour un petit Bâtiment femi-double , de vingt-cinq pieds de largeur dans œuvre , avec deux aîles de deux toifes de longueur fur la Cour.

On entre par le milieu de la face , dans un Veftibule, à l'un des côtés duquel on a placé l'Efcalier. De ce Veftibule on paffe dans le Salon , qui eft à pans , & qui donne entrée dans une Chambre à coucher , dont le lit eft dans une niche. A côté de cette niche & derriére , font deux Garderobes , qui ont leur dégagemént par deffous l'Efcalier. Une petite piéce conduit de cette Chambre à un Cabinet.

F ij

De ce même Salon, on se rend dans un petite Chambre à coucher, qu'accompagnent un petit réduit & deux Garderobes dégagées par un Corridor, qui de la Sale à manger méne à la Cuisine, & à une porte percée dans le pignon. De ce Corridor, on monte par un petit Escalier à une Entre-sole pratiquée au dessus de la Cuisine, d'un petit Office, d'un Garde-manger, & des Garderobes de la Chambre à coucher. Si l'on ne se contente pas du petit Office placé au Rez-de-chaussée, on pourra en pratiquer un plus grand à l'Entre-sole.

PREMIER ETAGE

De la seconde Distribution.

Planche 11.

Il est distribué en sept Chambres. Les quatre marquées *a. b. e. g.* ont chacune deux Garderobes. Celle marquée *f.* n'en a qu'une, & les deux autres marquées *c, d,* ont une Garderobe chacune, & une autre qui est commune, & qui serviroit à coucher les Valets des deux Maîtres qui occuperoient ces derniéres Chambres.

L'Escalier pour monter aux Greniers, est placé à côté du Corridor.

REZ-DE-CHAUSSE'E

De la troisiéme Distribution,

Planche 12.

Ce Plan offre un semi-double, de trente-quatre pieds de largeur dans œuvre, avec deux ailes en équerre, de douze pieds de longueur sur la Cour.

Premier Etage   3ᵉ Distribution

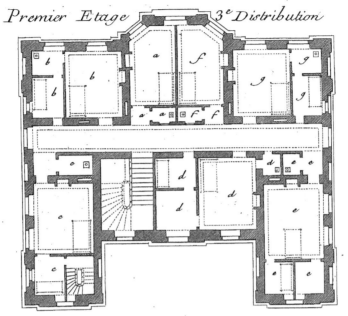

Rez de Chaussée 3ᵉ Distribution

Coté du   Jardin.

Salle à manger   Salon.   Chambre.

Office

Cabinet

Garderobe

Cuisine   Chambre.

AntiChambre.

garde
manger   Coté de   la Cour.   Cabinet

On entre par le milieu de la face, dans un Veſtibule, à côté duquel eſt le principal Eſcalier. Ce Veſtibule conduit au Salon, dont une des portes s'ouvre dans une Chambre à coucher, qui a ſon Cabinet & ſa Garderobe. De cette Chambre, on monte par un petit eſcalier à une Entreſole, & du Cabinet on paſſe dans une ſeconde Chambre à coucher, dont le lit eſt dans une niche, derriére laquelle eſt un Cabinet. Cette Chambre a une iſſue dans le Veſtibule, par une Anti-chambre qui ſe trouve entre les deux. A côté de cette Anti-chambre, ſont deux Garderobes deſtinées pour ce dernier appartement.

Le Salon a auſſi une entrée dans une Sale à manger, de laquelle on va à l'Office par un Corridor, où l'on deſcend quatre marches, pour parvenir à la Cuiſine par une échappée ménagée ſous la ſeconde rampe du principal eſcalier. On doit avoir ſoin de mettre ſous cette rampe une cloiſon, qui empêche que l'odeur de la Cuiſine ne pénétre dans la cage de l'eſcalier, & dans les appartemens. Au bout de la Cuiſine, eſt un Garde-manger, & un petit eſcalier pour monter à une Entre-ſole pratiquée ſur ces derniéres piéces, & aux Greniers.

PREMIER ETAGE

De la troiſiéme Diſtribution.

Planche 12.

Un Corridor ſert de dégagement à toutes les Chambres de cet étage. Il s'y en trouve ſept, dont trois marquées *b. c. g.* ont chacune deux Garderobes. Les deux marquées *e. d.* ont un Cabinet de plus, & celles marquées *a, f.* n'ont qu'une Garderobe chacune.

Elevation

De la Face du côté de la Cour.

Planche 13.

Le milieu de cette élévation eſt marqué par un petit avant-corps, qui ſe termine ſous le larmier de la corniche de l'entablement. Chaque jambage de la porte, a de largeur les deux tiers de ſon ouverture. Cette porte ſert d'embaſement à l'accompagnement de la croiſée du premier étage. Au deſſus de la corniche, & ſur la largeur de l'avant-corps, eſt poſé un ſocle, ſur lequel eſt placée une lucarne, que deux vaſes accompagnent ; ce qui couronne cette partie aſſez heureuſement.

A chaque Pavillon des extrêmités, on a auſſi fait un avant-corps, qui ſe termine comme le précédent, ſous le plafond de la corniche de l'entablement ; & pour le mieux diſtinguer, on a réfendu les arriéres-corps. Par ce moyen, ſa largeur paroît d'autant plus proportionnée avec celle de l'avant-corps du milieu.

Elevation

De la Face du côté du Jardin.

Planche 13.

Cette élévation eſt décorée dans ſon milieu, par un Pavillon, qu'on a fait à pans coupés, à cauſe de ſa grande ſaillie, & pour diminuer de ſa largeur, qui eût ſemblé trop conſidérable, par rapport au peu d'étendue de cette face : ces pans donnent encore lieu d'éclairer par trois croiſées la piéce qu'il renferme.

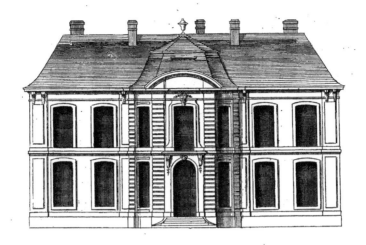

Elevation du côté de la Cour.

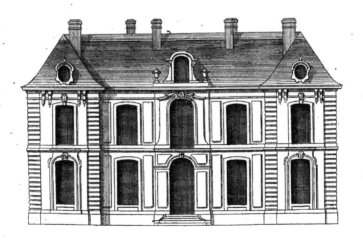

10 toi

Coupe prise sur le Salon de la Planche 10.

. Aux deux côtés de ce Pavillon , font placés deux de-mi-corps de pilaſtres ornés de tables en ſaillie, qui répon-dent à deux entiers , dont la face de cette élévation eſt terminée : Les uns & les autres font profilés ſous le pla-fond de la corniche de l'entablement.

C O U P E

De la troiſiéme forme d'un Bâtiment de dix toiſes de face.

Planche 14.

. Cette Coupe eſt priſe ſur le Salon de la premiere diſ-tribution de cette forme, Planche 10.

CHAPITRE IV.

De la quatriéme forme d'un Bâtiment de dix toiſes de face , ſur laquelle on donne deux différentes Diſtributions , les Elé-vations des deux faces , & leur Coupe.

R E Z-D E-C H A U S S E'E

De la premiere Diſtribution.

Planche 15.

L'AIRE de ce Rez-de-chauſſée eſt élevée de deux pieds & demi au deſſus de la terre : ſa largeur eſt de vingt-deux pieds en œuvre , & la face ſur la cour eſt flanquée de deux petites aîles en équerre.

Le Veſtibule qui renferme l'Eſcalier, & qui a un petit Office à l'un de ſes côtés, eſt la premiére piéce qui ſe préſente à l'entrée, qu'on a placée au milieu de cette diſtribution. De ce Veſtibule on ſe rend dans un Salon, qui doit ſervir de Sale à manger, & qui communique à un grand Cabinet de compagnie, éclairé par deux croiſées ſur le Jardin, par une ſeule ſur la Cour, & par trois autres percées dans le pignon; ce qui doit donner beaucoup de gayeté à cette piéce, ſuppoſé que la vûe ſoit agréable du côté du pignon. Ce grand Cabinet donne paſſage dans un petit, qu'on a placé ſur la Cour dans une des ailes. Il n'a pas de cheminée, mais dans le contre-cœur de celle du Cabinet d'aſſemblée, on a fait une ouverture, par laquelle il pourra être ſuffiſamment échauffé.

On paſſe encore du Salon dans une Chambre à coucher, prés de laquelle on a placé un Cabinet & deux Garderobes dégagées par le paſſage qui conduit du Veſtibule à la Cuiſine, & au bout duquel ſe trouve un Garde-manger. De la Cour on monte par deux marches à cette Cuiſine, d'où l'on en monte enſuite trois, pour parvenir au paſſage ci-deſſus; ce qu'on a fait pour ménager une Entre-ſole, où l'on pourra placer l'Office, & de laquelle on ſe trouvera de plain-pied au premier palier de l'Eſcalier.

PREMIER ETAGE

De la premiere Diſtribution.

Planche 15.

Le premier palier de l'Eſcalier eſt commun à deux rampes, par leſquelles on monte à trois Chambres de Maîtres. Les deux marquées *e. f.* ont une Garderobe, & la troiſiéme

Premier Etage 1ᵉʳᵉ Distribution.

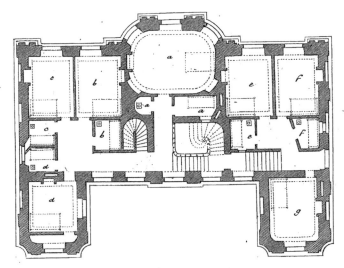

Rez de Chaussée 1ᵉʳᵉ Distribution.

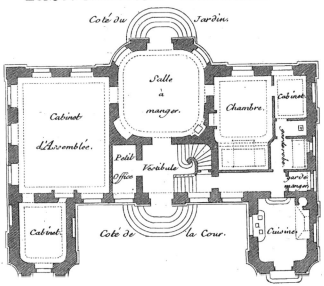

Coté du Jardin.

Salle à manger.

Cabinet d'Assemblée.

Chambre.

Cabinet.

Petit Office.

Vestibule.

Cabinet.

Coté de la Cour.

Cuisine.

garderobe.

garde manger.

10 toi

Premier Etage. 2ᵉ Distribution

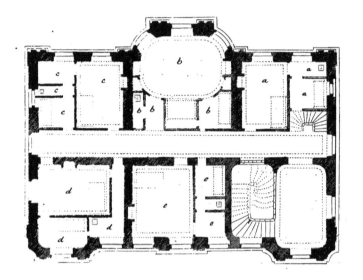

Rez de Chaussée 2ᵉ Distribution

fiéme n'en a point. L'autre rampe méne à un Corridor, par lequel on entre dans quatre Chambres. Les trois *b. c. d.* ont une Garderobe chacune : la quatriéme, *a.* en a deux. De ce Corridor on monte par un petit escalier, du premier étage aux Greniers.

Rez-de-Chaussée

De la deuxiéme Distribution.

Planche 16.

C'est ici le Plan d'un Bâtiment semi-double, dont le Rez-de-chaussée est élevé au-dessus du niveau de la terre de deux pieds & demi. Sa principale entrée est à un des Pavillons des extrêmités de la face sur la Cour.

La premiere piéce qui s'y offre, est un Vestibule, qui a l'Escalier à un de ses côtés, & qui conduit à une Antichambre destinée à servir de Sale à manger. On n'y a point pratiqué de petit Office, mais seulement un Bufet & deux Armoires. De-là on entre dans le Salon où s'assemble la compagnie, & qui communique à deux Chambres à coucher, dont l'une est éclairée sur le Jardin, & l'autre l'est sur la Cour. Cette derniere a d'un côté un Cabinet, & de l'autre une Garderobe : elle en a encore une seconde, qui doit servir à coucher un Domestique, & qui a une communication dans la Chambre éclairée sur le Jardin, afin que ce Domestique puisse être à portée du service du Maître & de la Maîtresse, s'ils occupent ces deux Chambres. Cette même Garderobe est dégagée par un passage, où l'on a pratiqué un petit escalier, pour monter à une Entre-sole.

De la Chambre qui a vûe sur le Jardin, on entre dans

un Cabinet, au bout duquel eſt une petite Garderobe, qui
a ſon dégagement par le paſſage dont on vient de parler,
& qui a ſa ſortie par un Perron ſemblable à celui du
Veſtibule.

Premier Etage

De la deuxiéme Diſtribution.

Planche 16.

L'Eſcalier conduit d'abord à une petite piéce qui eſt
au deſſus du Veſtibule, & qui en a la même grandeur.
On entre enſuite dans un Corridor, le long duquel ſont
diſtribuées cinq Chambres. Les trois *a. b. d.* ont chacune
deux Garderobes; & celles marquées *e. c.* en ont auſſi
deux, & de plus un Cabinet. A l'un des bouts, & à côté
du Corridor, eſt placé un petit eſcalier, qui ſert à monter
du premier étage aux Greniers.

Elevation

De la Face ſur la Cour.

Planche 17.

Le petit avant-corps du milieu, eſt orné au Rez-de-
chauſſée par des refends, qui ſe terminent contre le bandeau d'une porte feinte, fermée en cintre ſurbaiſſé, &
dans laquelle on a percé une croiſée.

Cet avant-corps eſt décoré au premier étage, d'une
grande croiſée feinte, dans laquelle on en a percé une
égale en largeur, en hauteur, & en forme à celles des arriére-corps de la face. Comme cet avant-corps eſt étroit,

Elevation du côté du Jardin.

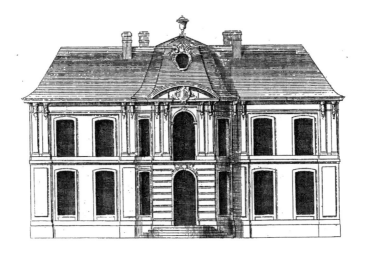

Elevation du côté de la Cour.

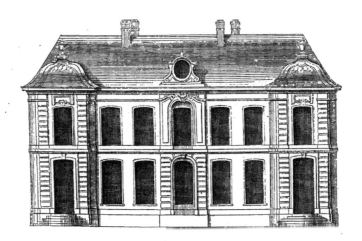

10 tou

on l'a couronné au deſſous de la corniche de l'entablement.

On a coupé les angles des Pavillons qui terminent les
extrémités de cette élévation, afin de rétreſſir leur face,
qui eût paru trop large, eu égard au petit avant-corps du
milieu ; & pour que cette face ſe diſtinguât mieux, on l'a
flanquée de pilaſtres de refend.

ELEVATION,

De la Face ſur le Jardin.

Planche 17.

Le Pavillon qui décore le milieu de cette face, ſaillant
de cinq pieds ſur le Jardin, on en a arrondi les angles,
pour y percer des croiſées. Au moyen de cet arrondiſſe-
ment, la face de ce Pavillon ſe trouve proportionnée à
la longueur du Bâtiment. Elle eſt décorée au Rez-de-
chauſſée, par des refends qui ſe terminent contre le bandeau de la porte, & le tout forme un embaſement por-
tant des pilaſtres Attiques & accouplés, qui ornent le premier étage de cet avant-corps. On a retourné la corniche
ſous le fronton, pour donner plus de légereté : On a auſſi
dans cette même vûe, renfermé la croiſée de ce premier
étage dans un renfoncement, au moyen duquel les pilaſtres accouplés ſe trouvent accompagnés de deux arriére-corps d'égale largeur.

A chaque côté de ce Pavillon, & aux deux extrêmités
de la face, on a auſſi placé de pareils pilaſtres, qui ſont
portés ſur des piédeſtaux, qui ont toute la hauteur du
Rez-de-chauſſée, & dont les dez ſont ornés de tables en
ſaillie.

G ij

C O U P E

De la quatriéme forme d'un Bâtiment de dix toifes de face.

Planche 18.

Cette Coupe eft prife fur le Veftibule & le Salon de la première diftribution de cette forme, Planche 15.

Fin de la feconde Partie.

Coupe prise sur le Vestibule et le Salon de la Planche 15.

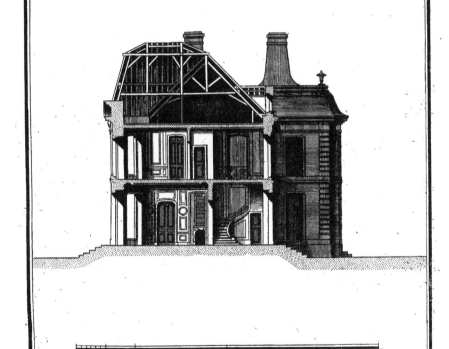

Premier Etage 1ere Distribution

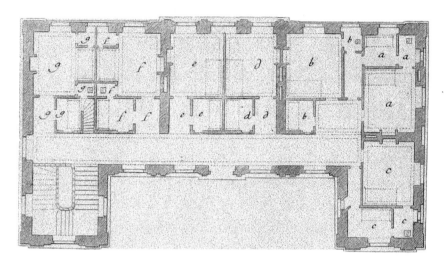

Rez de Chaussée 1ere Distribution

Coté du Jardin

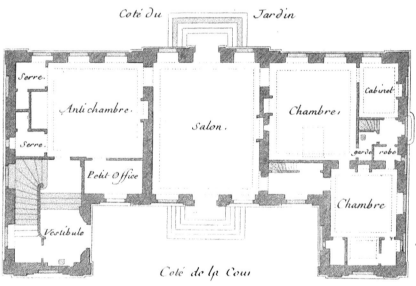

Coté de la Cour

L'ART DE BÂTIR
DES
MAISONS DE CAMPAGNE.

✦✦

TROISIEME PARTIE,

*Où font contenues plusieurs Distributions sur quatre formes diffé-
rentes, leurs Elévations & leurs Coupes, pour construire un
Bâtiment de treize toises de Face.*

CHAPITRE PREMIER.

*De la premiere forme, sur laquelle on donne deux différentes
Distributions, tant pour le Rez-de-chaussée, que pour le premier Etage, avec leurs Elévations sur la Cour & sur le Jardin,
& leur Coupe.*

REZ-DE-CHAUSSÉE

De la premiere Distribution,

Planche 19.

 ETTE distribution à vingt-cinq pieds de largeur dans œuvre. La face sur la Cour est flanquée de Pavillons qui saillent de quinze pieds
sur le Corps de Logis. On a donné du côté
de la Cour, deux entrées à ce Bâtiment; mais
on pourroit supprimer celle du milieu de sa face,

Le Veſtibule renferme l'eſcalier, & on l'a placé dans une des ailes. On ne monte qu'une marche, pour y entrer de la Cour; ce que l'on a obſervé, afin de pouvoir donner plus d'élévation au ſecond palier de l'eſcalier. Pour ſupplément, on a placé dans le Veſtibule quatre autres marches qui ſervent à monter ſur un grand palier : Au niveau du Rez-de-chauſſée : De ce palier, on entre dans une Anti-chambre deſtinée à ſervir de Sale à manger ; auſſi y a-t-on pratiqué un Bufet, deux petites Serres, deux Armoires, & un petit Office, qui tire ſa lumiére de la Cour.

On paſſe de cette Anti-chambre dans le Salon ; de celui-ci dans une Chambre à coucher, à côté de laquelle ſe trouvent un Cabinet, & une Garderobe qui ſe dégage par le pignon, & près de laquelle eſt un petit Eſcalier pour monter à une Entre-ſole.

Cette Chambre à coucher a communication dans une autre Chambre ſervant au même uſage : Le lit y eſt placé dans une niche ; ce qui procure deux petits réduits. La Garderobe de cette piéce eſt dégagée comme la précédente. Enfin cette Chambre a auſſi une iſſue par un paſſage qui conduit au Salon, & où l'on a mis un petit Eſcalier, qui ſert à monter à une Entre-ſole.

PREMIER ETAGE

De la premiere Diſtribution.

Planche 19.

Un Corridor éclairé du côté de la Cour ; communique & ſert de dégagement aux ſept petits Appartemens qui compoſent cet étage. Les deux marqués *f. g.* ont chacun une Chambre, deux Garderobes & un réduit : Les trois

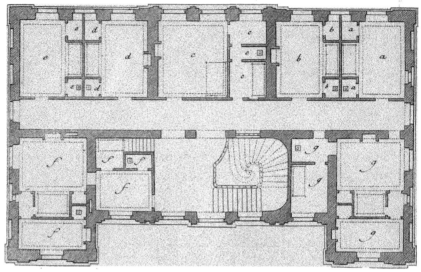

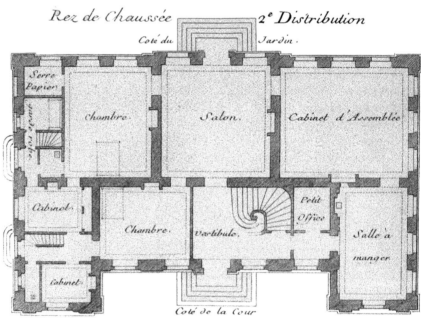

marqués *a. b. c.* ont avec leur Chambre, deux Garderobes chacun ; & les deux *d. e.* n'ont qu'une Chambre & une Garderobe. On trouve à côté de ce Corridor, un petit Escalier pour monter dans les Greniers.

Rez-de-chaussée

De la deuxiéme Distribution.

Planche 20.

Ce Plan présente un Bâtiment semi-double ; dont la face sur la Cour est terminée par deux Pavillons, qui y saillent de huit pieds.

Un Vestibule où l'on a placé l'Escalier, est la première piéce que l'on rencontre en entrant par le milieu de cette face : On passe ensuite dans le Salon, & de-là dans un grand Cabinet d'assemblée, éclairé par trois croisées sur le Jardin, & par trois autres percées dans le pignon. Cette piéce donne entrée dans une Sale à manger qui n'a point de cheminée, mais qui peut recevoir de la chaleur par une ouverture faite au contre-cœur de celle du Cabinet d'assemblée. On y a de plus mis un poële, dont la fumée se dissipera par un tuyau pratiqué dans le mur de refend. Cette Sale est dégagée par un passage qui va à l'Escalier, & à côté duquel un petit Office est placé.

Le Salon communique aussi à une Chambre à coucher, dont le jour est sur le Jardin, & qui est accompagnée d'un Cabinet, d'un Serre-papiers & de deux Garderobes, qui ont une issue par une porte qu'on a percée dans le pignon. On monte à une Entre-sole par un petit Escalier, qu'on a mis entre ces deux Garderobes.

Une des portes du même Salon, donne dans une seconde Chambre à coucher, qui a pour commodités un

Cabinet & une Garderobe dégagée comme la premiere; Par un autre petit Escalier construit tout auprés, on arrive à une Entre-sole où pourra coucher un Domestique.

Premier Etage

De la deuxiéme Distribution.

Planche 20.

Quand on a monté l'Escalier, on se trouve sur un large Palier, qui donne communication dans le Corridor par deux portiques, & dans l'Anti-chambre du principal appartement de cet étage, marqué *f.* lequel outre cette Anti-chambre, a une Chambre, un Cabinet & deux Garderobes, à côté desquelles est l'Escalier du Grenier.

Le Corridor donne entrée dans six Chambres. Les deux marquées *c. g.* ont chacune un Cabinet & deux Garderobes, & les quatre marquées *a. b. d. e.* ont chacune une Garderobe & un réduit.

Elevation,

De la face sur la Cour.

Planche 21.

Cette élévation est terminée par des Pavillons; & pour leur donner plus de légereté, on a retressi leurs faces par des pilastres de refend, qui portent des frontons triangulaires. C'est pour la même raison qu'on a percé les croisées de ces Pavillons dans des renfoncemens.

Le milieu de cette élévation, n'est marqué que par la porte & par la croisée qui est au dessus. Cette porte forme un
avant-corps,

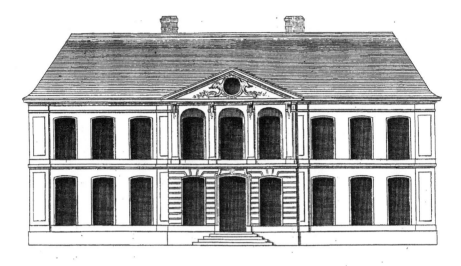

Elevation du côté de la Cour.

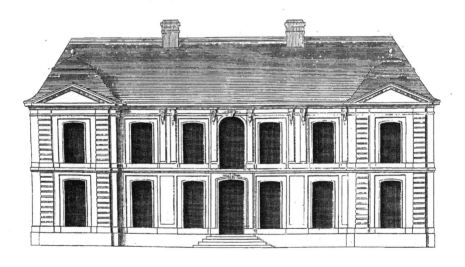

10 toi.

un avant-corps, dont la corniche fait reſſaut ſur le Plinthe qui ſépare les deux étages ; & ſur cette corniche, doit être poſé un Balcon.

Les croiſées du rez-de-chauſſée & celles du premier étage des arriére-corps de cette face, ſont percées dans dés renfoncemens, de même que celles des Pavillons ; ce qu'on a fait, afin de marquer au rez-de-chauſſée des formes de piédeſtaux, pour porter les pilaſtres attiques qui décorent le premier étage, auquel ces renfoncemens procurent encore de petits arriére-corps, dont les pilaſtres ſe trouvent accompagnés.

ELEVATION

De la face ſur le Jardin.

Planche 21.

Le milieu de cette face eſt décoré d'un Pavillon, qui eſt percé au rez-de-chauſſée, d'une porte & de deux croiſées ; & pour faire mieux remarquer cette porte, on a accompagné les montans de ſon chambranle de doubles bandeaux, qui ſe terminent en amortiſſement au deſſus de ſa fermeture. Elle eſt couronnée d'une corniche faiſant reſſaut ſur le Plinthe.

On a décoré de refend les jambages des deux croiſées du rez-de-chauſſée de ce Pavillon ; & pour accompagner les croiſées du premier étage, qui ſont en niche, on a mis des pilaſtres attiques, qui font reſſaut ſous le plafond de la corniche.

Ce Pavillon eſt terminé par un fronton triangulaire, retourné ſur les aplombs des arriére-corps des pilaſtres des extrêmités. Si l'on eût placé dans cet endroit des pilaſtres accouplés, le pavillon eût paru trop large pour fa hauteur & pour le peu de longueur de la face du Bâtiment.

Chaque extrêmité de cette face, eft terminée par de larges pilaftres ornés de tables en faillie; & pour fymmétrifer avec ceux-ci, on en a placé des demis aux deux côtés du Pavillon du milieu, qui y font arriére-corps. Ces demis pilaftres étoient auffi néceffaires, pour rendre égaux les dofferets des croifées, qui font aux extrêmités des arriére-corps de cette face.

Coupe

De la premiere Forme d'un Bâtiment de treize toifes de face.

Planche 22.

Cette Coupe eft prife fûr le Salon de la premiere diftribution, Planche 19.

Coupe prise sur le Salon de la Planche 19.

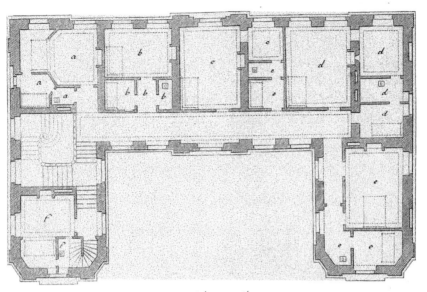

Rez de Chaussée   Côté du Jardin   1re Distribution

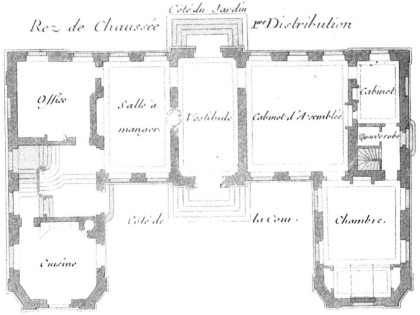

Office

Salle à manger

Vestibule

Cabinet d'Assemblée

Cabinet

Garderobe

Côté de   la Cour

Chambre

Cuisine

CHAPITRE II.

De la seconde forme d'un Bâtiment de treize toises de Face, sur laquelle sont données deux différentes Distributions, avec les Elévations sur la Cour & sur le Jardin, & leur Coupe.

Rez-de-chaussée

De la premiere Distribution.

Planche 23.

Cette distribution est celle d'un Bâtiment simple de vingt & un pieds de largeur dans œuvre, & flanqué sur la Cour de deux aîles qui saillent de quatre toises.

On entre par le milieu de la face dans un Vestibule, qui sert d'Anti-chambre au Cabinet d'assemblée. Cette derniere piéce est éclairée par trois croisées sur le Jardin, & par deux autres sur la Cour : Elle communique à une Chambre à coucher, qui est renfermée dans un des Pavillons sur la Cour, & qui n'a qu'un Cabinet & une Garderobe ; mais pour lui donner plus de commodités, on a placé tout auprès, un petit escalier, par lequel on monte à une Entre-sole, où un Domestique peut coucher.

La Sale à manger est à côté du Vestibule, & communique à l'Office. De ces deux piéces, on passe dans la cage de l'Escalier, qui a sa principale entrée du côté de la Cour, par le flanc d'une des aîles.

De la Cour, on arrive d'abord par trois marches sur un plain-pied, où l'on trouve trois autres marches qu'on monte dans la cage ci-dessus, pour parvenir au niveau des

H ij

appartemens, & quatre autres marches placées fous la troifiéme rampe de l'Efcalier, par lefquelles il faut defcendre ;
pour être au niveau d'un paffage pratiqué fous la feconde
rampe. Ce paffage conduit d'un côté à la Cuifine, & de
l'autre à un Garde-manger, & à d'autres commodités pratiquées fous l'Office.

Par cet expédient, l'élévation du plancher de la Cuifine, étant plus grande de trois pieds & demi, que celle des
planchers des appartemens, on peut établir fur cette Cuifine une Entre-fole, dans laquelle on entrera du fecond
palier de l'Efcalier, en defcendant deux marches.

Premier Etage

De la premiere Diftribution.

Planche 23.

Le troifiéme palier de l'Efcalier, eft commun à deux
rampes : Par l'une, on monte à la Chambre marquée *f*,
qui n'a qu'une Garderobe, à côté de laquelle eft un petit
Efcalier, pour monter aux Greniers : Par l'autre rampe, on
monte à un Corridor qui donne entrée dans cinq Chambres. Celles marquées *a. b. e.* ont chacune deux Garderobes, & celles marquées *c. d.* en ont auffi deux, & un
Cabinet de plus chacune.

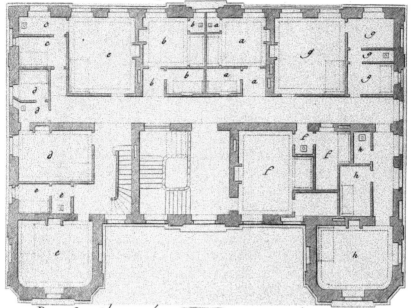

Rez de Chaussée 2ᵉ *Distribution*
Côté du *Jardin*

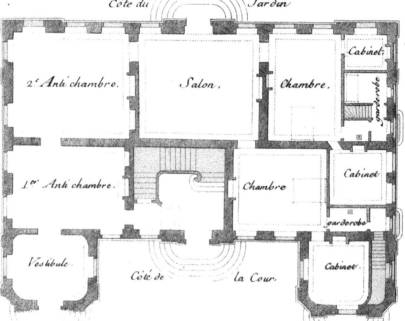

2ᵉ Anti chambre.	Salon.	Chambre.

Cabinet

garderobe

1ᵉʳ Anti chambre.

Chambre

Cabinet

garderobe

Vestibule.

Côté de *la Cour.*

Cabinet

Rez-de-chausse'e

De la deuxiéme Diſtribution.

Planche 24.

On donne ici la diſtribution d'un Bâtiment ſemi-dou-ble, de trente-ſept pieds & demi de largeur dans œuvre. Son entrée principale du côté de la Cour, eſt par la face d'un des Pavillons, dont toute la ſaillie & toute la largeur ſont occupées par un Veſtibule.

De ce Veſtibule, on paſſe dans une premiere Anti-chambre deſtinée pour manger : Elle communique au grand Eſcalier, qui a ſon entrée par le milieu de la face ſur la Cour, & à une ſeconde Anti-chambre, qui peut ſer-vir de Cabinet d'aſſemblée. Celle-ci eſt éclairée par trois croiſées ſur le Jardin, & par deux autres percées dans le pignon. De cette piéce on va au Salon, & de celui-ci à deux appartemens à coucher. Celui qui a vûe ſur le Jardin, eſt accompagné d'un Cabinet qui tire ſon jour du même côté, & il en a encore un autre qui reçoit ſa lumiére par deux croiſées percées dans le pignon. Entre ces deux Ca-binets ſont deux Garderobes, & un petit Eſcalier pour monter à une Entre-ſole, leſquels ont leur dégagement par le pignon.

Le ſecond appartement eſt éclairé du côté de la Cour : ſon Cabinet eſt dans un des pavillons; & ſur la largeur on a pratiqué une rampe qui conduit à une Entre-ſole deſtinée à coucher un Domeſtique. Cette rampe a ſon entrée par le dégagement de la Garderobe de cet appartement, où l'on a percé une porte dans le pignon.

Premier Etage

De la deuxiéme Diſtribution.

Planche 24.

Du grand palier de l'Eſcalier, on entre dans la Chàm‐
bre ƒ. près de laquelle ſont un Cabinet & deux Gardero‐
bes. Ce même palier perce dans le Corridor, le long duquel
ſont diſtribuées ſept autres Chambres. Les ſix marquées a.
b. c. d. e. h. ont chacune deux Garderobes , & celle mar‐
quée g. outre ces commodités, a un Cabinet.

L'eſcalier pour monter au Grenier, eſt ſitué dans le paſ‐
ſage qui communique du Corridor à la Chambre e.

Elevation,

Du côté de la Cour.

Planche 25.

Les Pavillons qui flanquent cette élévation, ayant une
largeur diſproportionnée à celle de l'avant-corps du mi‐
lieu , on en a coupé les angles. Par ce moyen , ils préſen‐
tent des faces qui s'accordent beaucoup mieux avec cet
avant-corps; & d'ailleurs leurs angles intérieurs étant cou‐
pés, le fond du Bâtiment en paroît plus large. Leurs faces
ſont décorées de Pilaſtres de refend, qui ſervent à les faire
paroître plus détachées des pans coupés.

L'avant-corps du milieu de la face, eſt percé au rez-de-
chauſſée, d'une porte, dont les jambages qui ſont avant-
corps, ſont ornés de tables en ſaillie : Les arriére-corps qui
ſont refendus, lui donnent de l'apparence , & ſur eux s'élé‐

Elevation du côte de la Cour.

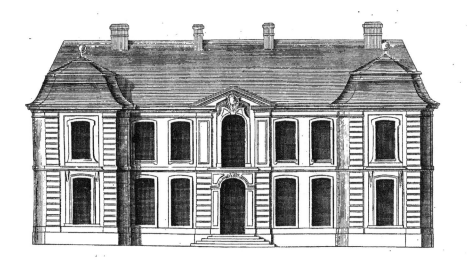

10 toi

Coupe prise sur le Vestibule de la Planche 23.

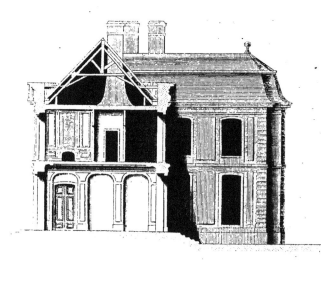

vent deux corps qui font décorés de tables renfoncées, & qui portent un fronton triangulaire, lequel n'ayant point de bafe, fait place au couronnement qu'on a mis à la croi-fée.

ELEVATION

Du côté du Jardin.

Planche 25.

Le petit avant-corps qui en décore le milieu, eft formé de deux pilaftres de refend, qui portent un fronton cintré & fans bafe. Il eft percé au rez-de-chauffée, d'une porte en anfe de panier, laquelle eft renfermée dans un gros cadre couronné d'une corniche faifant reffaut fur le plinthe. La croifée du premier étage, eft percée dans un renfonce-ment qui fe termine dans le tympan, en cintre furbaiffé.

Aux extrêmités de cette face, font deux avant-corps qui font reffaut fous le plafond de la corniche. Ils font percés d'une croifée à chaque étage. Celles du rez-de-chauffée font accompagnées de tables en faillie, & celles du premier étage le font de tables fouillées.

COUPE

De la feconde forme d'un Bâtiment de treize toifes de face.

Planche 26.

Cette coupe eft prife fur le Salon de la premiere diftri-tion de cette forme, Planche 23.

CHAPITRE III.

De la troifiéme forme d'un Bâtiment de treize toifes de face , où l'on voit deux différentes Diftributions, leurs Elévations fur la Cour & fur le Jardin , & leur Coupe.

R ez-d e-c h'au s s e'e

De la premiere Diftribution.

Planche 27.

CEtte diftribution eft d'un Bâtiment qui eft une efpéçe de femi-double. Il a vingt-quatre pieds de largeur dans œuvre, & fa face fur la Cour eft flanquée de Pavillons faillans de neuf pieds & demi.

On entre du côté de la Cour par le milieu de la face ; dans un Veftibule qui conduit à un Salon deftiné pour la compagnie. Cè Salon donne paffage, d'un côté dans une Sale à manger ; & de l'autre dans une Chambre à coucher, prés de laquelle eft un Cabinet qui perce dans une autre Chambre à coucher, dont le lit eft en niche, & qui a derriére elle un petit Cabinet. De cette derniére Chambre, on entre dans un paffage ouvert dans le Veftibule, & le long duquel font les Garderobes des deux Chambres, & un petit efcalier, pour monter à une Entrefole pratiquée fur ce paffage & fur ces Garderobes.

Du Veftibule, on paffe dans la cage de l'Efcalier, au bas duquel eft une porte pour le fervice de la Sale à manger. De cette cage, on defcend quatre marches, pour arriver au

niveau

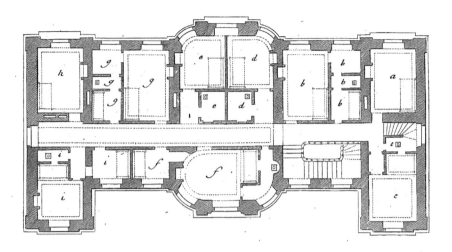

Rez de Chaussée 1ᵉʳᵉ Distribution

Côté du Jardin.

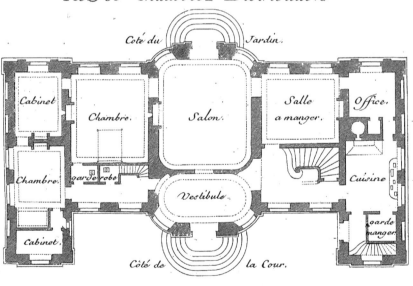

Côté de la Cour.

10 toi.

de la III Sᶜᵉ

Premier Etage 2e Distribution

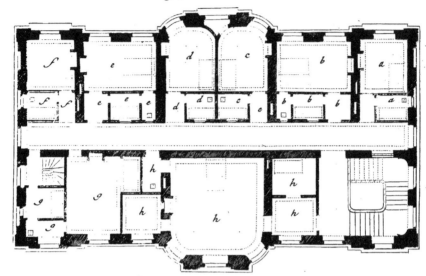

Rez de Chaussée ———— 2e Distribution

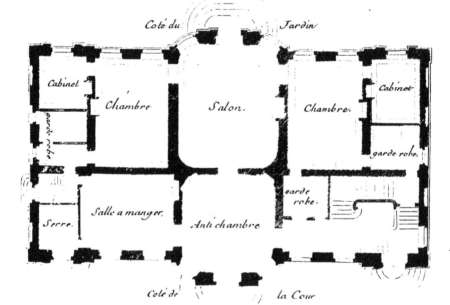

niveau de la Cuifine. Cette defcente n'a été pratiquée, qu'afin de gagner affez de hauteur, pour pouvoir mettre une Entre-fole au deffus de cette Cuifine, laquelle a fon entrée principale fur la Cour, par un des côtés du Pavillon, qui dans fa faillie renferme un Garde-manger & un petit Efcalier pour monter à l'Entre-fole, où l'on peut cependant entrer par le premier palier du grand Efcalier.

De la Cuifine, on monte par quatre marches à l'Office, qui a une entrée dans la Sale à manger.

PREMIER ETAGE

De la premiere Diftribution.

Planche 27.

Il eft diftribué en neuf Chambres à coucher. Les deux *b.* & *g.* ont chacune un Cabinet & deux Garderobes: Les trois *c. d. e.* n'ont qu'une Garderobe chacune : Les deux marquées *f. i.* en ont chacune deux ; & celles *a. h.* n'en ont point. Le petit Efcalier pour monter aux Greniers, eft à un des bouts du Corridor.

REZ-DE-CHAUSSE'E

De la deuxiéme Diftribution.

Planche 28.

Ce Plan eft pour un Bâtiment femi-double, de trente-fix pieds de largeur dans œuvre.

On entre par le milieu de la face fur la Cour, dans un Veftibule qui fert d'Anti-chambre, & qui communique à un Salon, à une Sale à manger, & au grand Efcalier, dont l'entrée principale eſt à une des extrêmités de cette face.

A chaque côté du Salon, eſt une Chambre à coucher, qui a ſon Cabinet & deux Garderobes, avec leurs dégagemens.

Au bout de la Sale à manger, on a placé une Serre pour les criſtaux, & un petit Eſcalier dégagé par le pignon, & qui ſert à monter à des Entre-ſoles, au premier étage & aux Greniers.

Premier Etage

De la deuxiéme Diſtribution.

Planche 28.

Du grand palier du principal Eſcalier, on paſſe dans un principal appartement *h.* qui eſt compoſé d'une Anti-chambre, d'une Chambre, d'un Cabinet & de deux Garderobes, l'une deſquelles eſt dégagée par le Corridor, & l'autre par l'Anti-chambre. Le reſte de cet étage, comprend ſept Chambres de Maîtres : Les trois marquées *e. b. g.* ont chacune deux Garderobes : Aux autres, il n'y en a qu'une. Le petit Eſcalier qui eſt à côté du Corridor, eſt le même dont on a parlé dans l'explication du rez-de-chauſ-fée.

Elevation

Du côté de la Cour.

Planche 29.

Les angles du Pavillon du milieu, ſont en tour ronde, & accompagnés de petits corps qui répondent à l'aligne-ment des Pavillons des extrêmités. Sa face eſt décorée au rez-de-chauſſée de refend, qui ſe termine contre le ban-

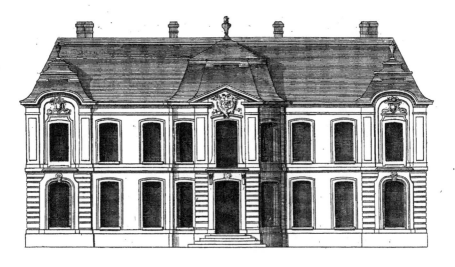

Elevation du côté de la Cour.

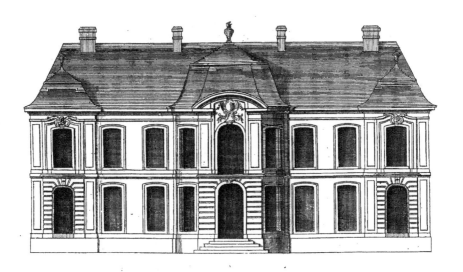

10 toz

De la M.

deau de la porte, & qui fert de bafe à deux corps en for-me de pilaftres, qu'on a placés au premier étage , pour porter un fronton cintré, dont on a fupprimé la bafe, afin que le cartouche fût plus apparent.

Cette face ayant moins de largeur que celles des Pavil-lons des extrêmités, on a fait à ceux-ci de petits avant-corps, qu'on a couronnés fous la corniche de l'entable-ment , & qui ne font point reffaut fur l'embafement du Bâtiment. Les parties de ces Pavillons qui font arriére-corps, font décorées de tables en faillie.

ELEVATION,

Du côté du Jardin.

Planche 29.

On a arrondi les angles du Pavillon du milieu, de même que ceux du précédent. La face eft percée au rez-de-chauf-fée, d'une porte bombée, & ornée d'un chambranle & de deux montans, qui portent une corniche , dont cette porte eft couronnée. Afin qu'elle pût fe mieux diftinguer, on en a refendu les arriére-corps. Cette même porte fert d'embafement à la croifée du premier étage, laquelle eft accompagnée de deux corps en faillie , qui foutiennent un fronton triangulaire, auquel on n'a point donné de bafe, pour avoir la facilité de couronner avec plus de grace le haut de la croifée.

A chaque Pavillon angulaire , on a percé au rez-de-chauffée une croifée dans une porte feinte, qu'on a déco-rée d'un chambranle & de deux montans , qui s'amortif-fant par le haut, portent une corniche qui la couronne. Pour que cette porte feinte fût plus apparente, on en a

refendu les arriére-corps, fur lefquels s'élévent au premier
étage deux corps de pilaftres , qui portent un fronton en
anfe de panier, fans bafe. Le chambranle de la croifée de
cet étage, eft orné de petits montans, qui s'amortiffant par
le haut, foutiennent une petite corniche , fur laquelle on
a pofé un vafe.

C O U P E

De la troifiéme forme d'un Bâtiment de treize toifes
de face,

Planche 30.

Cette coupe eft prife fur le Veftibule , & fur le Salon
de la premiere diftribution de cette forme , Planche 27.

C H A P I T R E   I V,

De la quatriéme forme d'un Bâtiment de treize toifes de face,
auquel on donne deux différentes Diftributions , leurs Éléva-
tions fur la Cour & fur le Jardin , & leur Coupe.

R E Z-D E-C H A U S S E'E

De la premiere Diftribution,

Planche 31.

ON offre ici une efpece de Bâtiment femi-double ,
qui a vingt-neuf pieds dans œuvre. Sa face fur la Cour,
eft flanquée de Pavillons qui faillent de huit pieds & demi. Par l'entrée qu'on a placée au milieu , on fe trouve

Coupe prise sur le Vestibule et le Salon de la Planche 37.

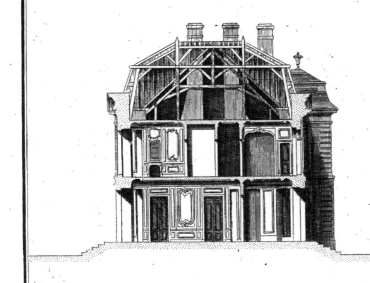

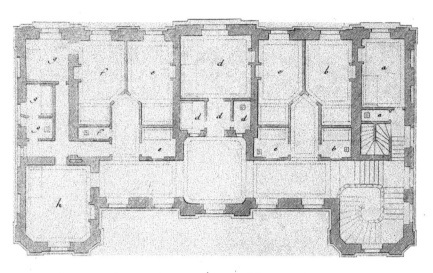

Rez de Chaussée 1ʳᵉ Distribution

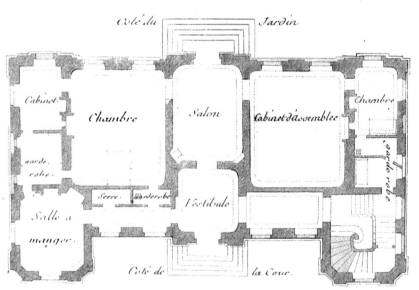

Coté du   Jardin

Coté de   la Cour.

10 toi

d'abord dans un Veſtibule, à chaque côté duquel eſt un paſſage. Par l'un, on va à l'Eſcalier ; par l'autre, à la Sale à manger.

Du Veſtibule on paſſe dans un petit Salon, qui ſert d'Anti-chambre commune au Cabinet d'aſſemblée, & à une Chambre à coucher. Celle-ci a pour commodités un Cabinet & deux Garderobes, dont une qui eſt deſtinée pour coucher un Domeſtique, a une iſſue dans la Sale à manger : Si l'on vouloit en faire un Cabinet de toilette, on pourroit alors y mettre un petit Eſcalier, qui condui-roit à une Entre-ſole, qu'on feroit ſur cette piéce & ſur le Cabinet, ſuivant qu'on le jugeroit à propos. L'autre Gar-derobe propre à une chaiſe percée, a ſon dégagement par le paſſage de la Sale à manger, auprès de laquelle ſe trouve une Serre.

A côté du Cabinet d'aſſemblée, eſt un Cabinet où l'on a placé un lit, & qui a deux Garderobes qui ſe dégagent par deſſous l'Eſcalier.

PREMIER ETAGE

De la premiere Diſtribution.

Planche 31.

Le ſecond palier de l'Eſcalier, eſt commun à deux ram-pes. L'une monte à la Chambre *q.* qui a une Garderobe, à côté de laquelle eſt l'Eſcalier du Grenier : L'autre rampe méne à un large Corridor, qui donne communication dans ſix Chambres. Celles marquées *b. c. e.* ont une Garde-robe chacune, & les trois autres *d. f. h.* en ont chacune deux.

Rez-de-chausse'e

De la seconde Distribution.

Planche 32.

Cette distribution est pour un Bâtiment semi-double, de trente-sept pieds dans œuvre. Aux extrêmités de la face sur la Cour, font des Pavillons qui faillent de douze pieds. L'entrée est dans le milieu, & le principal Escalier est à côté du Vestibule, par lequel on entre dans le Salon. A côté de cette derniére piéce, est un Cabinet d'affemblée, d'où l'on passe dans une Chambre à coucher, dont le Cabinet est dans un des Pavillons.

A côté de cette Chambre, font deux Garderobes dégagées par le Vestibule, d'où l'on va par dessous l'Escalier, à une autre Chambre à coucher, qui a son Cabinet & une Garderobe. Le Salon communique à une troisiéme Chambre à coucher, au bout de laquelle font placés un Cabinet, & une Garderobe qui a son issue par le pignon, & qui contient un escalier pour monter à une Entresole.

Premier Etage

De la seconde Distribution.

Planche 32.

Du grand palier de l'escalier, on passe dans le principal appartement *e.* lequel est composé de cinq piéces. Ce même palier conduit dans le Corridor, qui communique à cinq Chambres, dont les quatre marquées *a. b. d. f.* ont chacune un Cabinet & deux Garderobes. Celle marquée *c.*

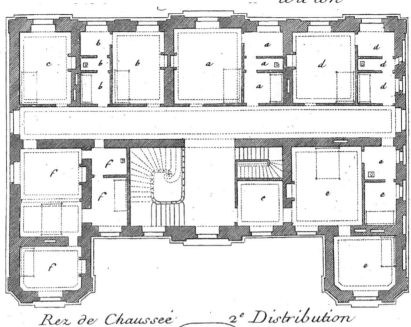

Rez de Chaussée   2ᵉ Distribution

Coté du   Jardin

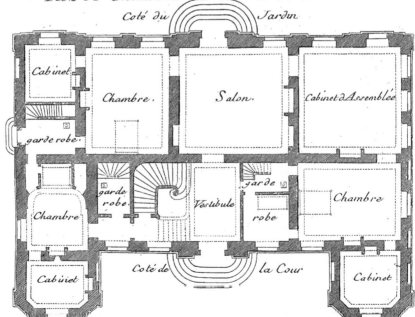

Coté de   la Cour

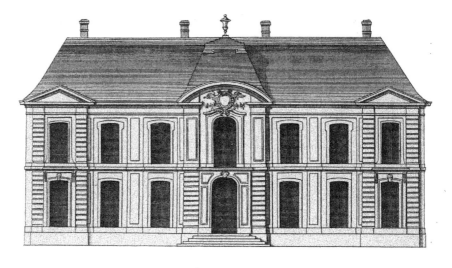

Elevation du côté de la Cour.

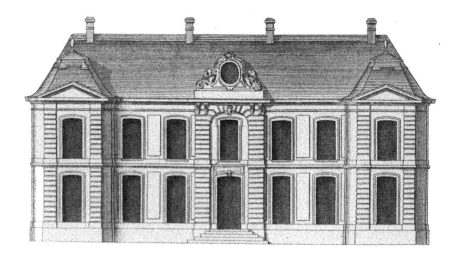

n'a point de commodités. L'efcalier du Grenier, a fon entrée fur le grand palier.

ELEVATION,

Du côté de la Cour.

Planche 33.

On a coupé les angles des Pavillons qui terminent cette face, pour les raifons expliquées au Chapitre précédent. Comme il n'y a rien de particulier à leur décoration, il feroit inutile d'en parler.

L'avant-corps du milieu, eft formé par une grande arcade feinte, qui eft de la hauteur des deux étages : Les jambages en font refendus, pour qu'ils fe détachent mieux des arriére-corps de cette face ; & il eft terminé par un couronnement percé d'un œil de bœuf, pour éclairer le Grenier, & qui eft accompagné de deux Lions.

ELEVATION

De la Face fur le Jardin.

Planche 33.

Pour donner plus de force aux encognures des extrêmités de cette face, on a eu attention qu'ils fiffent arriérecorps aux Pavillons, lefquels font formés par des pilaftres de refend, qui portent un fronton triangulaire.

Celui du milieu, eft percé au rez-de-chauffée, d'une porte à anfe de panier, dont les jambages font décorés de tables en faillie ; & pour donner plus de relief à cette porte, on a refendu fes arriére-corps.

Elle fert d'embafement à la croifée du premier étage,

qui eſt accompagnée de larges corps de pilaſtres ; qui portent un fronton cintré, dont on a ſupprimé la baſe, pour
des raiſons ſur leſquelles on s'eſt déja expliqué.

C O U P E

De la quatriéme forme d'un Bâtiment de treize toiſes
de face.

Planche 34.

Elle eſt priſe ſur le Veſtibule & le Salon de la premiere
diſtribution de cette forme, Planche 3 1.

Fin de la troiſiéme Partie.

Coupe prise sur le Vestibule et le Salon de la Planche 31.

10 tov

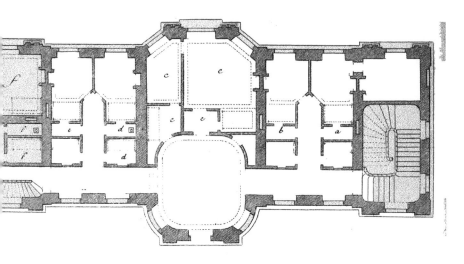

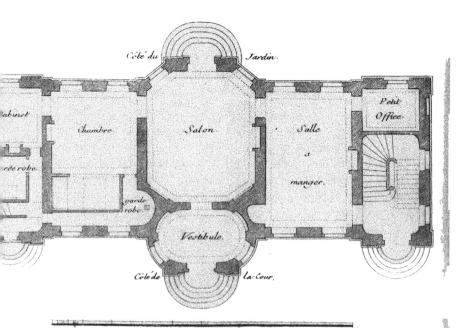

L'ART DE BÂTIR
DES
MAISONS DE CAMPAGNE.

****

QUATRIEME PARTIE,

Dans laquelle se trouvent plusieurs Distributions sur quatre formes différentes, leurs Elévations, & leurs Coupes, pour construire un Bâtiment de quinze toises de face.

CHAPITRE PREMIER.

De la premiere Forme, sur laquelle on donne deux différentes distributions, pour le Rez-de-chaussée & pour le premier Etage, avec leurs élévations sur la Cour & sur le Jardin, & leur Coupe.

REZ-DE-CHAUSSÉE
De la premiere Distribution.
Planche 35.

E Plan représente la distribution d'un Bâtiment simple, de vingt - six pieds de largeur dans œuvre. Il a deux entrées principales sur la Cour, par l'une desquelles on trouve d'abord le grand Escalier, placé à une des extrêmités de cette face. De la cage de cet Escalier, on entre dans une Sale à manger, à côté de laquelle on a pratiqué un petit Office.

Cette Sale à manger fert d'Anti-chambre au Salon, dans lequel on peut auffi paffer par le Veftibule fitué au milieu de la face de la Cour. Si on vouloit fe contenter de la pre-miere entrée, on pourroit faire de ce Veftibule, un Cabi-net pour le Maître, où ceux qui auroient affaire avec lui, feroient introduits par la Sale à manger.

Le Salon donne paffage dans une Chambre à coucher, dont le lit eft placé dans un alcove : on peut y mettre encore un lit de repos, qui fervira à coucher un Domefti-que en cas de befoin. A côté de cet alcove eft une Gar-derobe, & derriére eft un paffage qui conduit à un efca-lier de dégagement, dont la fortie eft fur la Cour. Cet efcalier monte à une Entre-fole, il dégage le premier éta-ge, & il conduit au Grenier. Tout auprés eft une Garde-robe pour coucher un Domeftique, & plus loin un Cabi-net, qui a fa principale entrée par la Chambre ci-deffus.

Le paffage qu'on a pratiqué à côté de la Garderobe, peut être fupprimé ; & en ce cas il fera facile de percer en cet endroit une porte qui communique de cette Gar-derobe à la Chambre.

Premier Etage

De la premiere Diftribution,

Planche 35.

Ce premier étage eft diftribué en fix Chambres à cou-cher. Celles marquées *b. d. e. f.* ont chacune deux Garde-robes. Les deux *a. c.* ont de plus un Cabinet chacune. Au bout du Corridor, eft l'efcalier dont on vient de parler dans l'article précédent.

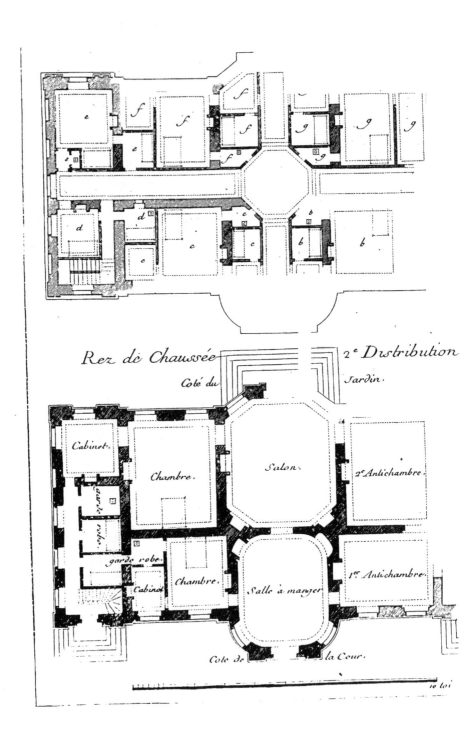

Rez de Chaussée — 2.ᵉ Distribution

Coté du — Jardin.

Cabinet.

Chambre.

Salon.

2.ᵉ Antichambre.

garde robe.

garde robe.

Cabinet.

Chambre.

Salle à manger.

1.ᵉʳ Antichambre.

Coté de — la Cour.

10 toi

REZ-DE-CHAUSSÉE

De la feconde Diftribution.

Planche 36.

Ceci eft pour un Bâtiment femi-double, de trente-fix pieds de largeur dans œuvre.

A l'une des extrêmités de la face de la Cour, fe préfentent tout de fuite l'entrée principale, le Veftibule, & le grand Efcalier. Du Veftibule on paffe dans une premiere Anti-chambre, & de celle-ci dans une feconde, dont on peut faire un Cabinet d'affemblée dans les tems froids. A côté fe trouve un petit Cabinet.

De la feconde Anti-chambre, on va dans le Salon, dont une des portes rend dans une Chambre à coucher, qui a un Cabinet & deux Garderobes dégagées par un Corridor, qui conduit à un Efcalier, par lequel on monte à une Entre-fole, au premier étage & au Grenier.

Du Salon, on entre auffi dans la Sale à manger, qui eft éclairée fur la Cour, & à côté de laquelle eft une Chambre à coucher, accompagnée d'un Cabinet & de deux Garderobes.

PREMIER ÉTAGE

De la feconde Diftribution.

Planche 36.

Le principal Efcalier, fitué à l'un des côtés du Bâtiment, fe trouve en face d'un Corridor coupé à angles droits dans fon milieu par un autre Corridor, qui fe diftribue à quatre principaux appartemens marqués *b. c. f. g.* Les trois pre-

K ij

miers ont chacun une Anti-chambre, une Chambre, un Cabinet & deux Garderobes; & le quatriéme a un Cabinet de plus.

Les Chambres marquées *a. e.* ont deux Garderobes, & celle marquée *d.* n'en a qu'une. A côté de celle-ci, eſt un paſſage qui conduit à l'Eſcalier de dégagement.

ELEVATION,

De la face du côté de la Cour,

Planche 37.

La face du Pavillon du milieu, ſe réunit au Corps de Logis par deux parties en tour ronde : Elle eſt flanquée de pilaſtres de refend, qui portent un fronton en anſe de panier, ſans baſe. La porte de ce Pavillon, eſt percée dans un renfoncement, de même que la croiſée qui eſt au deſſus. Le chambranle de cette croiſée, eſt accompagné de petits montants qui portent une Corniche., ſur laquelle on a poſé un cartouche.

Les Pavillons des extrêmités, ſont auſſi flanqués de pilaſtres de refend, faiſant reſſaut ſous le plafond de la corniche. Ils ſont percés chacun d'une porte, que l'on a placée, ainſi que leurs croiſées, dans un renfoncement,

ELEVATION

De la Face du côté du Jardin,

Planche 37.

Deux parties en tour ronde, réuniſſent au Corps de Logis la face du Pavillon du milieu, comme on l'a vû à la

Elevation du coté du Jardin

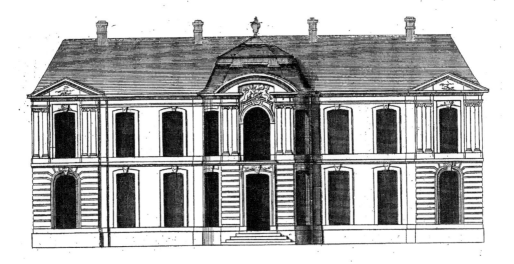

Elevation du coté de la Cour.

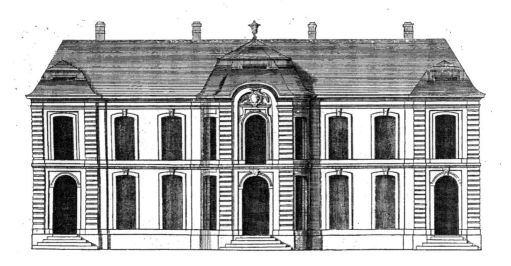

Coupe prise sur le Vestibule et le Salon de la Planche 35

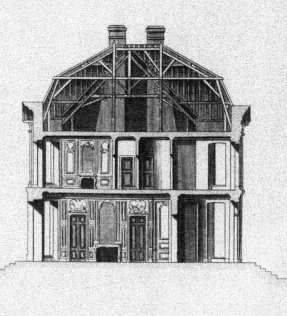

précédente élévation. Cette face eſt percée au rez-de-chauſſée, d'une porte bombée, dont le chambranle eſt accompagné de montans, qui portent une corniche faiſant reſſaut ſur le plinthe. Les arriére-corps de cette porte, ſont refendus, & ſervent d'embaſement aux pilaſtres Ioniques accouplés, qui ſoutiennent au premier étage un fronton cintré ſans baſe. Ces pilaſtres ſont accompagnés de petits arriére-corps, dont les deux intérieurs ſont continüés dans le tympan, & ſe réuniſſent par une platebande ſous la corniche du fronton. La croiſée de cette face, eſt ſurmontée d'un couronnement, au deſſus duquel ſont placés deux Génies.

Le Rez-de-chauſſée des avant-corps qui flanquent cette face, eſt orné de refend, qui ſe termine contre le bandeau d'une porte feinte, qui renferme une croiſée.

Leur premier étage eſt décoré de pilaſtres, ainſi que la face du Pavillon du milieu ; & chacun de ces avant-corps, eſt orné d'un fronton triangulaire.

La corniche retournée ſur ce fronton, donne de la légéreté.

C O U P E

De la premiere forme d'un Bâtiment de quinze toiſes de face.

Planche 38.

Cette coupe eſt priſe ſur le Veſtibule & le Salon de la premiere diſtribution, Planche 35.

CHAPITRE II.

De la deuxiéme forme d'un Bâtiment de quinze toises de face, où se trouvent deux différentes Distributions, leurs Elévations sur la Cour & sur le Jardin, & leur Coupe.

R E Z-D E-C H A U S S É E

De la premiere Distribution.

Planche 39.

CETTE diftribution eft pour un femi-double, de quarante pieds de largeur dans œuvre. A l'entrée, qu'on a placée dans le milieu de la face fur la Cour, on trouve le Veftibule, qui précéde le Salon ; & de ce Salon on entre dans deux Chambres à coucher, dont l'une eft à droite, & l'autre eft à gauche : Elles ont chacune un Cabinet & deux Garderobes, qui ont leurs dégagemens, & au deffus defquels on peut faire des Entre-foles.

Par un des côtés du Veftibule, on entre dans la Sale du Billard, qui communique à l'Efcalier principal, lequel a fon entrée particuliére à une des extrêmités de la face de la Cour. Par l'autre côté, on paffe dans la Sale à manger, auprès de laquelle on a placé un petit Office & un Efcalier, qui en dégageant le premier étage, monte au Grenier.

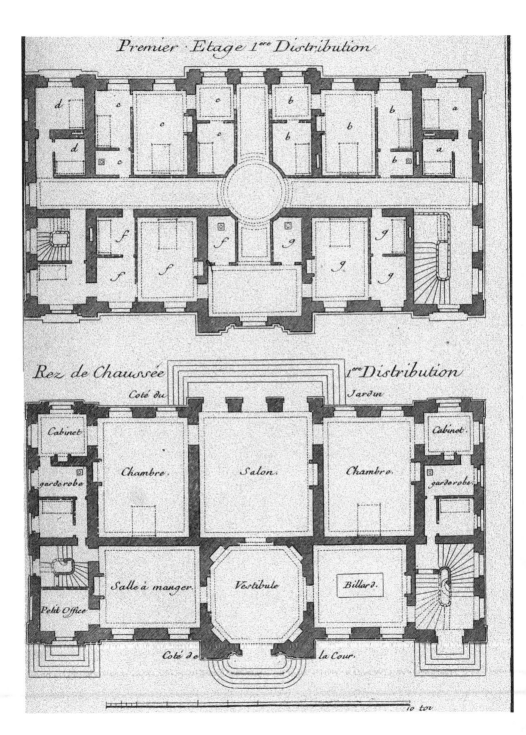

Premier Etage 1ere Distribution

d c c c b b b a

d c c b b a

f f g g

f f g g

Rez de Chaussée   1ere Distribution

Coté du   Jardin

Cabinet   Cabinet

gardorobe   gardorobe

Chambre.   Salon.   Chambre.

Salle à manger.   Vestibule   Billard.

Petit Office

Coté de   la Cour.

10 tou

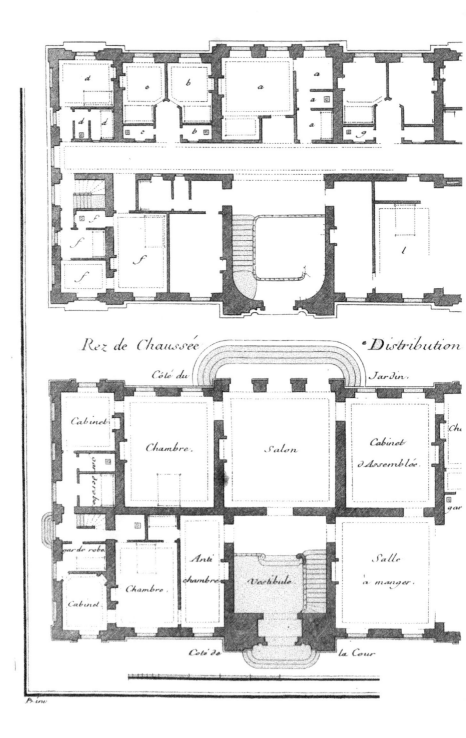

Rez de Chaussée   Distribution

Côté du   Jardin.

Cabinet

Chambre.   Salon   Cabinet
                                 d'Assemblée.

gar de robe

Anti   Salle
        chambre   Vestibule   à manger.
Chambre.

Cabinet.

Côté de   la Cour.

Premier Etage

De la premiere Diſtribution.

Planche 39.

A. cet étage, deux Corridors qui forment une croix, donnent entrée dans ſix appartemens. Les deux marqués *b. c.* ſont compoſés chacun d'une Anti-chambre, d'une Chambre, d'un Cabinet, & de deux Garderobes. Celui marqué *f.* contient une Chambre, un Cabinet, trois Garderobes, & a une Anti-chambre commune avec l'appartement *g.* qui au ſurplus a une Chambre, un Cabinet & deux Garderobes. Les deux autres *a.* & *d.* n'ont qu'une Chambre, & une Garderobe chacun.

Rez-de-chauſſée

De la ſeconde Diſtribution.

Planche 40.

C'eſt d'un Bâtiment double, de quarante-cinq pieds dans œuvre, qu'on fait ici la diſtribution. On monte de la Cour trois marches, pour entrer dans le Veſtibule, qui eſt placé au milieu de cette face. Dans le fond de la même piéce, on monte encore trois marches, pour arriver ſur un large palier, qui eſt de plain-pied avec les appartemens du Rez-de-chauſſée.

Sur ce palier, ſont percées trois portes, l'une deſquelles donne entrée dans un petit appartement éclairé ſur la Cour, & qui contient une Anti-chambre, une Chambre, un Cabinet, & trois Garderobes; le tout ayant une iſſue

par deſſous la ſeconde rampe d'un petit eſcalier de dégagement, qui a ſa ſortie par une porte percée dans le pignon.

Par la ſeconde porte, on paſſe dans la Sale à manger,
à l'un des bouts de laquelle eſt un petit Office.

La troiſiéme s'ouvre dans le Salon, d'où l'on entre dans
un Cabinet d'aſſemblée, qui communique à une petite
Chambre à coucher, qui a tout proche une Garderobe &
un Cabinet dégagés par un petit eſcalier, dont l'entrée eſt
au pignon.

Le même Salon ſert de paſſage à une principale Chambre à coucher, qu'accompagnent un Cabinet, & deux
Garderobes qui donnent ſur un petit Corridor, lequel
conduit à une porte pratiquée dans le pignon, & dont on
a déja parlé.

PREMIER ETAGE

De la ſeconde Diſtribution.

Planche 40.

Ce premier étage eſt diviſé en un grand appartement
marqué *l.* & compoſé d'une Anti-chambre, d'une Chambre, d'un Cabinet & de deux Gerderobes; & en neuf
Chambres à coucher, dont les deux *a. f.* ont chacune les
mêmes piéces que le grand appartement, à la reſerve
d'une Anti-chambre. La Chambre *e.* a une eſpece d'Anti-
chambre & deux Garderobes. Les deux *d. i.* ont chacune
deux Garderobes; & il n'y a qu'une ſeule Garderobe à
chacune des Chambres *b. c. g. h.*

Aux extrêmités de cet étage, ſont placés les deux Eſcaliers de dégagement, dont on a fait mention au Rez-de-
chauſſée. Ils ſont très-utiles pour le ſervice des Domeſtiques,

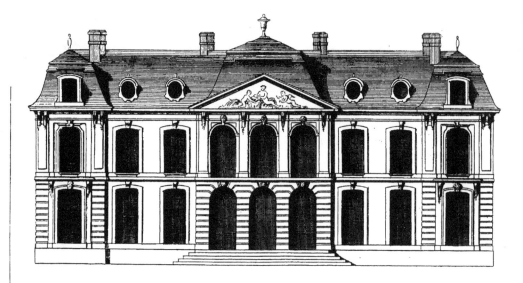

Elevation du côté de la Cour.

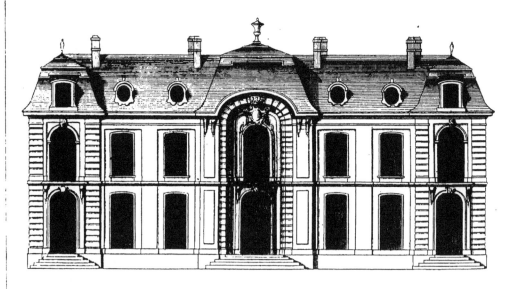

ques, qui fans ce fecours feroient beaucoup de bruit fur le Corridor, dans l'obligation où ils feroient de venir de fes deux extrêmités, pour gagner le grand Efcalier.

ELEVATION

De la Face du côté de la Cour.

Planche 41.

Le Pavillon du milieu eſt formé par deux larges corps, qui portent un fronton en anfe de panier, fans bafe. Ces corps renferment une grande arcade feinte, avec des parties en tour creufe, faifant reffaut fur le fond, & cintrées des mêmes centres du fronton. Pour que cette arcade eût plus d'apparence, on l'a décorée de refend.

On a mis des pilaſtres auffi de refend, aux angles des Pavillons qui flanquent cette face. Les chambranles de leurs portes font accompagnés de montans, qui portent une corniche retournée fur le plinthe. La croifée d'au-deffus, qui eſt percée dans un renfoncement, eſt en plein cintre, & décorée d'impoſtes & d'un archivolte.

On a percé dans des renfoncemens, les croifées de ces deux pavillons, & celles du rez-de-chauffée & du premier étage des arriere-corps de cette face, pour rendre ces parties plus légéres.

ELEVATION

De la face fur le Jardin.

Planche 41.

Le Pavillon du milieu, eſt percé au rez-de-chauffée de trois portiques, dont les jambages font décorés de refend.

Ce rez-de-chauſſée ſert d'embaſement aux pilaſtres attiques, qui ornent les pieds droits des croiſées du premier
étage. Ces pilaſtres font reſſaut ſous le plafond de la corniche. Le haut de ce Pavillon eſt terminé par un fronton
triangulaire.

Chacun des Pavillons qui flanquent cette face, eſt percé au rez-de-chauſſée d'une croiſée, dont le chambranle
ʼeſt accompagné de montans qui portent la corniche dont
elle eſt couronnée. Les arriére-corps en ſont refendus.

Sur le nud de ces arriére-corps, s'élévent au premier
étage deux larges corps de pilaſtres, qui ſont retournés
ſous le plafond de la corniche ; & pour qu'à cet étage ces
Pavillons euſſent plus de légéreté, on en a percé les croiſées dans un renfoncement.

C O U P E

De la ſeconde forme d'un Bâtiment de quinze toiſes
de face.

Planche 42.

Cette Coupe eſt priſe ſur le Veſtibule & le Salon de la
deuxiéme diſtribution de cette forme ; Planche 40.

Coupe prise sur le vestibule et le Salon de la Planche 40

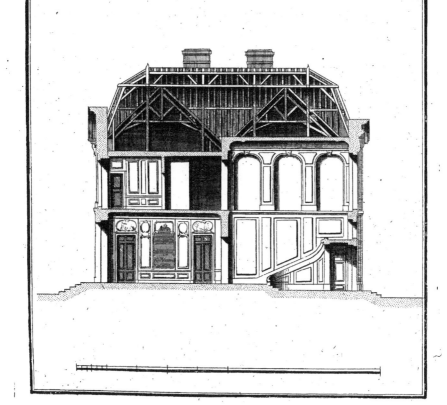

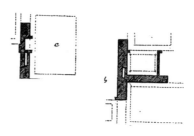

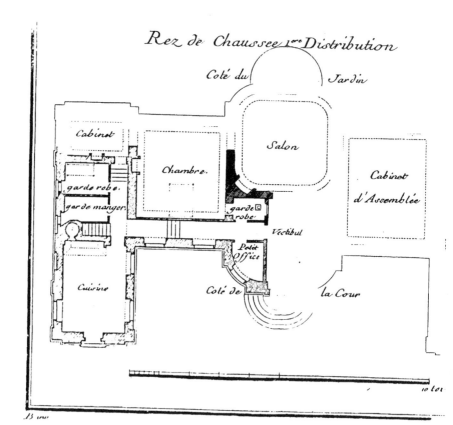

Rez de Chaussee 1re Distribution

Coté du   Jardin

Cabinet

Salon

Chambre.

Cabinet
d'Assemblée

garde robe.

gar de manger.

garde
robe.

Vestibul

Petit
Office

Cuisine

Coté de   la Cour

CHAPITRE III.

De la troisiéme forme d'un Bâtiment de quinze toises de face, où l'on offre deux différentes Distributions, les Elévations des deux Faces, & leur Coupe.

REZ-DE-CHAUSSÉE

De la premiere Distribution.

Planche 43.

ON fait ici la distribution d'un Bâtiment simple, de vingt-deux pieds dans œuvre, & flanqué de deux ailes qui saillent de dix-huit pieds sur la Cour.

Les angles du pavillon du milieu de cette face, sont en tour ronde. Il renferme le Vestibule, dans l'un des côtés duquel est situé l'Escalier. Après ce Vestibule, se présente le Salon, qui est destiné pour manger, & pour servir d'Anti-chambre commune au Cabinet d'assemblée, & à une Chambre à coucher, qui a d'un côté une Garderobe, & de l'autre une seconde Garderobe & un Cabinet, lesquelles deux derniéres piéces se dégagent par un passage qui conduit à la Cuisine, & qui communique à un autre passage dans lequel on entre par le Vestibule : C'est par ce dernier que la premiere Garderobe se trouve dégagée.

Dans chacun de ces passages, on a mis quatre marches, pour descendre du niveau des appartemens à celui de la Cuisine ; ce qu'on a pratiqué, afin de pouvoir construire une Entre-sole, où soit placé l'Office, & à laquelle on

L ij

montera par la rampe, dont l'entrée eſt dans l'angle formé par la rencontre des deux petits Corridors.

A côté du Cabinet d'aſſemblée, eſt une ſeconde Chambre à coucher, qui d'un côté a pour commodités un Cabinet, & d'un autre deux Garderobes, qui ont leur ſortie ſur le premier palier de l'Eſcalier de dégagement, qui conduit au premier étage & au Grenier.

PREMIER ETAGE

De la premiere Diſtribution.

Planche 43.

Cet étage eſt diſtribué en ſept Chambres de Maîtres, dans ſix deſquelles on entre par le principal Corridor. Celles marquées *a. b. c. f.* ont chacune deux Garderobes; celle marquée *g.* a un Cabinet de plus, & la Chambre marquée *d.* n'a qu'une Garderobe. Les petits Corridors placés aux extrémités du grand, ſervent à dégager quelques Garderobes. L'un conduit au petit Eſcalier, & l'autre ſert à paſſer dans la Chambre *e.* qui a deux Garderobes.

REZ-DE-CHAUSSE'E

De la deuxiéme Diſtribution.

Planche 44.

Le plan d'un ſemi-double de trente-trois pieds de l'argeur dans œuvre, ſe préſente ici. Il a ſon entrée par un des Pavillons des extrêmités ; & la premiere piéce que l'on trouve eſt un Veſtibule, à côté duquel eſt le principal Eſcalier. De ce Veſtibule on ſe rend dans une premiere

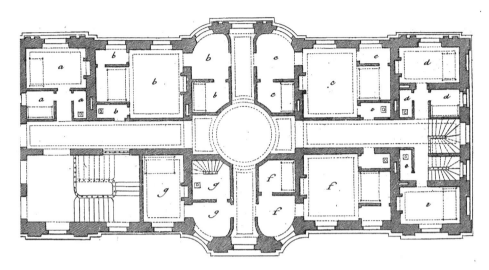

Rez de Chaussée 2.ᵉ Distribution.

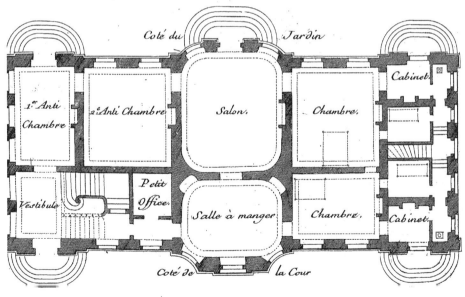

Coté du Jardin

1.ᵉʳ Anti Chambre

2.ᵉ Anti Chambre

Salon.

Chambre.

Cabinet.

Vestibule

Petit Office.

Salle à manger

Chambre.

Cabinet.

Coté de la Cour

10 toi.

Anti-chambre, & de celle-ci dans une feconde, qui peut fervir de Cabinet d'affemblée dans les jours froids; au lieu que le Salon dans lequel elle a un paffage, eft propre à s'affembler dans les jours d'Efté. On entre de ce Salon, dans une Chambre à coucher, à laquelle répondent un Cabinet & deux Garderobes, qui fe dégagent par une porte percée dans le pignon, & en face de laquelle eft une rampe pour monter à des Entre-foles. Ce même Salon a une porte qui donne dans la Sale à manger, laquelle eft éclairée fur la Cour, & dégagée par un paffage qui conduit à un petit Office & au Veftibule.

Cette Sale à manger fert d'Anti-chambre à une Chambre à coucher, au bout de laquelle on a placé un Cabinet & deux Garderobes, qui ont une iffue par la porte percée dans le pignon, dont on vient de parler.

PREMIER ETAGE

De la deuxiéme Diftribution.

Planche 44.

Sept Chambres à coucher, dans lefquelles on entre par deux Corridors, qui fe traverfent en croix dans le milieu du Bâtiment, compofent avec leurs accompagnemens, la, diftribution de cet étage.

Les Chambres marquées c. b. f. ont une Anti-chambre, un Cabinet & deux Garderobes chacune. Celle marquée g. n'a qu'une Anti-chambre & une Garderobe. Un Efcalier pratiqué dans cette derniére petite piéce, fervira à monter à une Entrefole, où l'on pourra placer le lit d'un Domeftique, & qui tiendra lieu d'une feconde Garderobe, fi on le fouhaïte. Les Chambres a. d. ont chacune deux Garde-

robes ; & celle marquée *e*. n'en a qu'une : Un Efcalier
placé directement à l'un des bouts du Corridor, ne monte du Rez-de-chauffée qu'au premier étage, afin qu'il ne
puiffe intercepter le jour d'une croifée qui fe trouve vis-à-
vis : L'autre qui eft à côté, monte du premier étage au
Grenier.

Elevation

De la face du côté de la Cour.

Planche 45.

La face du Pavillon du milieu de cette élévation, eft
réunie par deux parties en tour creufe au Corps de Logis,
fur lequel ces parties font reffaut.

Le milieu de cette face, eft marqué par une grande arcade feinte, avec des parties en tour creufe, laquelle a de
hauteur celle des deux étages, & pour couronnement un
fronton tracé des centres de la fermeture de cette arcade,
dont les jambages font ornés de refend, auffi bien que les
parties en tour creufe.

Chaque face des Pavillons qui terminent cette élévation, étant plus large que celle du Pavillon du milieu, on
a jugé qu'il étoit à propos de les retreffir par des avant-
corps, qui font reffaut fur le plafond de la corniche ; &
pour leur donner plus de relief, on a refendu leurs arrière-corps.

Elevation du côté du Jardin.

Elevation du côté de la Cour.

Coupe prise sur le Vestibule et la premiere Antichambre
de la Planche 44.

ELEVATION

De la face du côté du Jardin.

Planche 45.

Les angles du Pavillon du milieu, font coupés en tour ronde. Sa face eft percée au rez-de-chauffée d'une porte, dont le chambranle eft accompagné de montans qui portent la corniche qui lui fert de couronnement; & fur les arriére-corps de cette porte, qui font refendus, s'élévent au premier étage des pilaftres accouplés, qui foutiennent une fronton triangulaire, dont la bafe eft fupprimée en partie.

Pour la même raifon qu'on a apportée à l'élévation fur la Cour, on a rendu plus étroite la face des Pavillons angulaires de celle-ci, par des avant-corps, qui font formés au rez-de-chauffée par une porte, dont les jambages font refendus. Cette porte fert d'embafement à des pilaftres accouplés, dont la croifée du premier étage eft accompagnée. Ces pilaftres font retournés fous le plafond de la corniche.

COUPE

De la troifiéme Forme d'un Bâtiment de quinze toifes de face.

Planche 46.

Cette coupe eft prife fur le Veftibule & la premiere Anti-chambre de la feconde diftribution, Planche 44.

CHAPITRE IV.

*De la quatriéme forme d'un Bâtiment de quinze toises de face,
où paroissent deux différentes distributions, les élévations sur
la Cour & sur le Jardin, & leur Coupe.*

R EZ-DE-C H AUSSE'E

De la premiere Distribution.

Planche 47.

L E Bâtiment dont on donne ici la distribution, est
simple, & de vingt & un pieds de largeur dans œuvre. On peut y entrer de la Cour par le perron du Salon ;
& si on veut retrancher ce perron, on y entrera par la
cage du principal escalier, qui est placé à une des extrêmités de cette face. Par cette derniére entrée, on se trouve
d'abord dans une Anti-chambre, à côté de laquelle est un
petit Cabinet. De là on passe dans le Salon, & ensuite
dans une Chambre à coucher. Pour que cette derniére
piéce eût des vûes, tant sur la Cour que sur le Jardin, on
a placé au côté opposé à celui de la porte, le lit dans une
alcove, près de laquelle est une Garderobe dégagée par
la cage d'un petit Escalier, où l'on arrive par la Cour, &
qui sert à monter à des Entre-soles, au premier étage, & au
Grenier.

A l'autre côté de l'alcove, est un passage où l'on peut
placer un armoire : Il conduit à un Cabinet qui s'ouvre
dans une Garderobe, qui pourroit servir au Maitre, s'il
voutoit

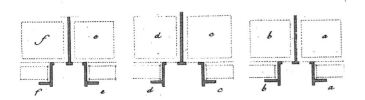

f e d c b a

f e d c b a

Rez de Chaussée 1.re Distribution

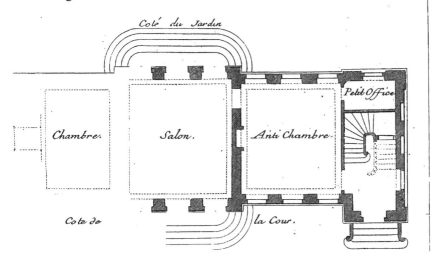

Coté du Jardin

Chambre.   Salon.   Anti Chambre   Petit Office

Cote de   la Cour.

10 toi

Premier Etage   2ᵉ Distribution

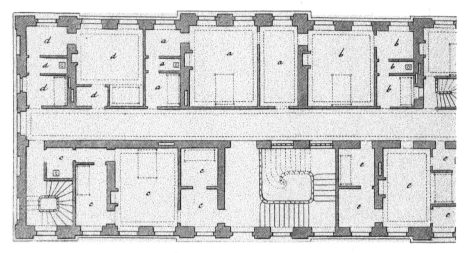

Rez de Chaussée 2ᵉ Distribution

Coté du   Jardin.

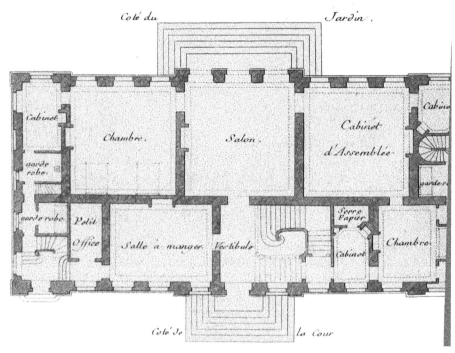

Coté de   la Cour.

vouloit faire coucher fon Valet à l'Entre-fole. Elle a fon dégagement par le petit Efcalier.

PREMIER ETAGE

De la premiere Diftribution.

Planche 47.

Par un Corridor pratiqué au premier étage , on entre dans fix Chambres à coucher. Celle marquée *a.* a deux Garderobes. Chacune des autres Chambres n'en a qu'une , pour y placer une chaife percée. La piéce marquée *g.* eft deftinée pour quatre lits de Domeftiques , & elle a une iffue par l'Efcalier de dégagement, dont on a parlé dans la diftribution du Rez-de-chauffée.

REZ-DE-CHAUSSÉE

De la feconde Diftribution.

Planche 48.

Ce plan repréfente un femi-double , de trente-fept piéds & demi dans œuvre. On entre de la Cour , & par le milieu de la face , dans un Veftibule , où l'on a mis le principal Efcalier. Cette premiere piéce communique au Salon & à la Sale à manger, & célle-ci à un petit Office , près duquel eft un Efcalier de dégagement, qui monte aux Greniers , & qui a fon entrée par la Cour.

Du Salon , on paffe dans le Cabinet d'affemblée , à l'un des bouts duquel eft un petit Cabinet à écrire. De celui d'affemblée, on fe trouve dans une Chambre à coucher

éclairée fur la Cour : Le lit eft dans une niche placée entre un petit réduit & une Garderobe, qui fe dégage par
une feconde, deftinée pour un Domeftique : celle-ci a fa
fortie par un petit Efcalier, vis-à-vis duquel eft une porte
percée dans le pignon. Cette Chambre a de plus un Cabinet, qui a une iffue par le Veftibule, & derriére lequel
eft un Serre-papiers.

Le Salon fert encore de paffage à une grande Chambre
à coucher, où l'on a placé deux lits. Elle eft accompagnée
d'un Cabinet & de deux Garderobes, d'où l'on peut fortir
par le petit Efcalier, dont on a parlé d'abord. On peut
pratiquer des Entre-foles fur ces petites piéces.

Premier Etage

De la feconde Diftribution.

Planche 48.

Le grand palier de l'Efcalier principal, communique
à l'appartement le plus confidérable *c.* compofé de cinq
piéces, & il eft ouvert fur un corridor qui introduit dans
cinq chambres à coucher. Les deux *a. b.* ont une Anti-
chambre commune, & chacune un Cabinet & deux Garderobes : Les deux *d. e.* ont chacune un Cabinet, deux
Garderobes, & un petit réduit ; & celle marquée *f.* eft
feule & fans commodités.

Les deux Efcaliers de dégagement, placés aux deux extrêmités du Corridor, font les mêmes dont on a parlé à la
diftribution du Rez-de-chauffée,

Elevation du côté du Jardin

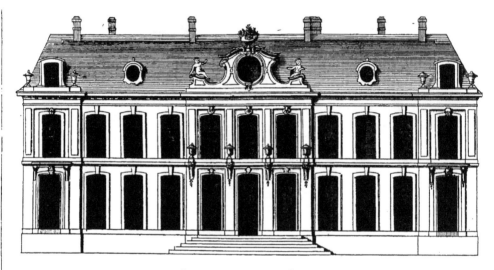

Elevation du côté de la Cour.

ELEVATION

De la face fur la Cour.

Planche 49.

Au Rez-de-chauffée, on a percé le Pavillon du milieu, d'une porte & de deux croifées. Leurs jambages font décorés de refend, & la porte l'eft d'un double bandeau.

Au premier étage, ce même Pavillon eft percé de trois croifées. Celle du milieu eft à balcon, & fon chambranle eft accompagné de montans qui portent un couronnement. Elle a auffi deux arriére-corps qui font reffaut fur le nud du mur, & font retournés fous le plafond de la corniche. Ces arriére-corps & les pilaftres angulaires de ce Pavillon, font refendus; & le tout eft furmonté d'un fronton triangulaire.

ELEVATION

De la Face fur le Jardin.

Planche 49.

Cette face a, comme la précédente, un large Pavillon dans fon milieu, & deux petits avant-corps dans fes extrêmités; mais la décoration en eft bien différente.

Celui du milieu eft percé aux Rez-de-chauffée, d'une porte & de deux croifées, qu'accompagnent des corps faillans & unis, qui fe rejoignent fous le plinthe par des platebandes. A plomb du milieu de chacun de ces corps, font placées des confoles, qui agrafant le plinthe, ont affez de faillie, pour porter des vafes prefqu'en ronde boffe.

M ij

Les croifées du premier étage, font auffi accompagnées de corps, qui fe réuniffent au deffous de l'entablement par des platebandes, & qui font décorés de tables en faillie. Le tout eft terminé par un couronnement placé au deffus de la corniche.

Les petits avant-corps des extrêmités, font percés au Rez-de-chauffée, d'une croifée, dont le chambranle eft accompagné de montans, qui portent la corniche qui la couronne. Les arriére-corps de cette croifée font unis; & au deffus d'eux & de leur même largeur, s'élévent au premier étage d'autres corps en faillie, & décorés de ta-bles. La Lucarne, aux deux côtés de laquelle font deux vafes, les termine affez heureufement.

Coupe

De la quatriéme forme d'un Bâtiment de quinze toifes de face.

Planche 50.

Cette coupe eft prife fur le Veftibule & le Salon de la deuxiéme diftribution, Planche 48.

Fin de la quatriéme Partie.

Coupe prise sur le Vestibule et le Salon de la Planche 48.

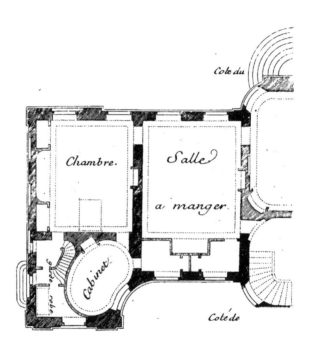

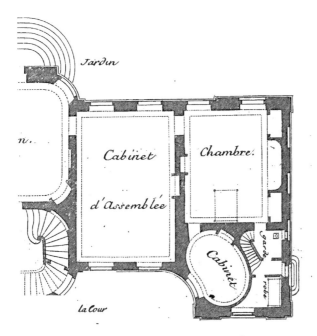

Jardin

Cabinet

d'Assemblée

Chambre.

Cabinet

garde robe

la Cour

toi

De la M. Sc.

L'ART DE BÂTIR

DES

MAISONS DE CAMPAGNE.

CINQUIEME PARTIE.

Dans laquelle on donne plusieurs Distributions sur quatre formes différentes, leurs Elévations & leurs Coupes, pour servir à la construction d'un Bâtiment de dix-huit toises de Face.

CHAPITRE PREMIER.

De la premiere forme, où l'on voit trois différens Plans de distributions, pour le Rez-de-Chaussée, & pour le premier Etage, leurs Elévations sur la Cour & sur le Jardin, avec leur Coupe.

REZ-DE-CHAUSSÉE

De la premiere Distribution.

Planche 51.

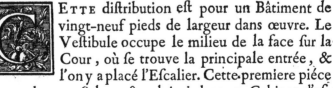

ETTE distribution est pour un Bâtiment de vingt-neuf pieds de largeur dans œuvre. Le Vestibule occupe le milieu de la face sur la Cour, où se trouve la principale entrée, & l'on y a placé l'Escalier. Cette premiere piéce s'ouvre dans un Salon, & celui-ci dans un Cabinet d'asfemblée, qui eft éclairé fur la Cour & fur le Jardin, & à côté duquel eft une Chambre à coucher, accompagnée d'un Cabinet & de deux Garderobes, qui font dégagées par le pignon, & entre lefquelles eft un Efcalier qui monte à des Entre-foles, au premier Etage, & au Grenier.

De l'autre côté, on entre par le Salon dans une Sale à manger, à laquelle le Veftibule fert de dégagement : On y a pratiqué un Bufet & une petite Serre. Cette Sale fert de paffage à une Chambre à coucher, qui a les mêmes commodités que la précédente, & un Serre-papiers de plus. L'Efcalier de dégagement, eft pour le même ufage que celui dont on a déja parlé.

PREMIER ETAGE

De la premiere Diftribution.

Planche 52.

Un Corridor partage en deux moitiés cette diftribution dans toute fa longueur, & donne communication dans neuf Chambres de Maitres, dont huit ont deux Garderobes chacune : La neuviéme marquée *a.* a un petit Cabinet de plus. Les deux Efcaliers de dégagement placés aux deux extrêmités, font les mêmes dont on a parlé à l'article ci-deffus.

REZ-DE-CHAUSSE'E

De la feconde Diftribution.

Planche 53.

C'eft un femi-double de trente-fept pieds de largeur dans œuvre. Son entrée principale du côté de la Cour, eft

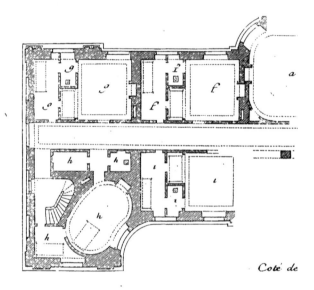

Coté de

Rue

Distribution

Jardin.

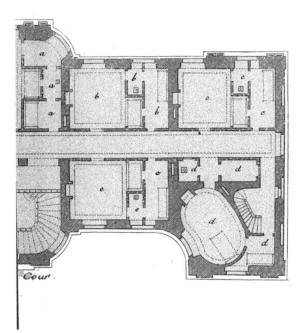

Cour.

10 toi

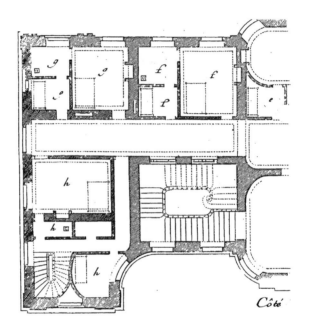

' Distribution

Jardin

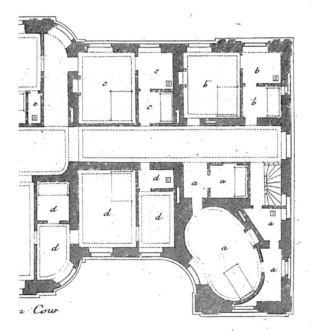

a Cour

10 tor

dans le Pavillon du milieu de la face, lequel renferme une Anti-chambre commune au Salon, & à une Chambre à coucher, qui a ſes vuès ſur la Cour, & pour commodités un Cabinet, deux Serres-papiers, & deux Garderobes, à côté deſquelles eſt un Eſcalier de dégagement, qui a ſon entrée par le pignon.

Cette Anti-chambre s'ouvre auſſi ſur le principal Eſcalier, de la cage duquel on paſſe dans le Veſtibule de la Cuiſine, en deſcendant quatre marches ; ce que l'on a pratiqué, afin de ménager au deſſus de ces piéces, une Entre-ſole pour les Offices, auſquels on montera par l'Eſcalier qui joint ce Veſtibule. Cette derniere piéce a ſa principale entrée par la partie cintrée de la face de la Cour.

Du Salon, on paſſe dans la Chambre à coucher la plus diſtinguée, & qui a pour ſon ſervice un Cabinet, un ſecond Cabinet pour la toilette, & deux Garderobes dégagées par le pignon. On entre de ce même Salon dans la Sale à manger, à l'un des bouts de laquelle eſt une Serre. Le ſervice de la Cuiſine pour cette Sale, ſe fera par deſſous la troiſiéme rampe du principal Eſcalier.

PREMIER ETAGE

De la ſeconde Diſtribution.

Planche 54.

Il contient huit Chambres de Maîtres. Celle marquée *d.* eſt accompagnée d'une Anti-chambre, d'un Cabinet, & de deux Garderobes : A celle marquée *a.* ſont deux Garderobes, & un petit Cabinet : Toutes les autres Chambres ont chacune deux Garderobes.

Les deux Eſcaliers qui dégagent cet étage, ſervent auſſi à monter dans les Greniers.

Rez-de-chaussée

De la troisiéme Distribution.

Planche 55.

On voit encore ici un semi-double, qui a comme le précédent, trente-sept pieds de largeur dans œuvre.

L'entrée principale est dans le milieu de la face sur la Cour, & elle offre d'abord un Vestibule qui sert d'Antichambre au Salon, à un petit appartement à coucher, & à la Sale à manger. De celle-ci on passe au principal Escalier, qui a son entrée par la partie cintrée de la face de la Cour.

Le petit appartement à coucher, est accompagné d'un Cabinet, d'un Serre-papiers & de deux Garderobes, qui ont une issue par un Escalier de dégagement, dont l'entrée est par le pignon.

Aux deux côtés du Salon, sont deux Chambres à coucher, qui ont chacune un Cabinet, un Serre-papiers, & deux Garderobes : Les petits Escaliers dégagent celles de ces piéces, qui en sont voisines.

Premier Etage

De la troisiéme Distribution.

Planche 56.

On a pratiqué dans ce premier étage, quatre principaux appartemens marqués *b. c. f. g.* qui contiennent une Antichambre, une chambre, un Cabinet & deux Garderobes chacun.

A

Rez de Chaɪ

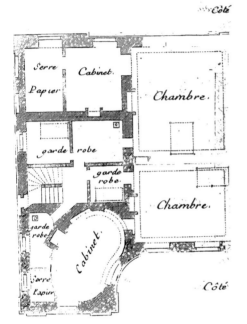

Côté

Serre
Papier

Cabinet

Chambre

garde robe

garde
robe

Chambre

garde
robe

Cabinet

Serre
Papier

Côté

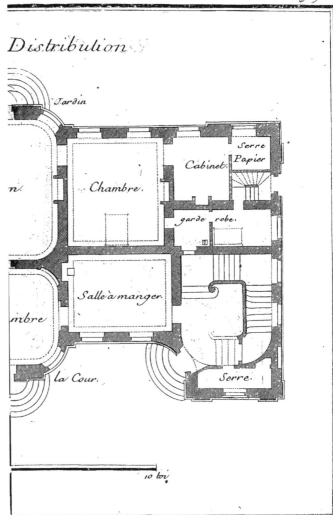

Distribution

Jardin

Chambre.

Cabinet.

Serre
Papier

garde robe.

Salle à manger.

Serre.

mbre

la Cour.

10 toi.

De la m Sc

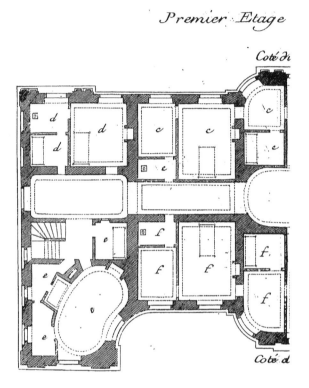

Coté d

Coté d

Prine.

3ᵉ Distribution

rdin

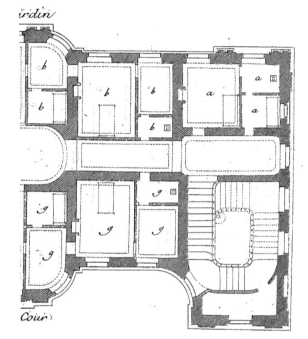

Cour

10 toi

de la M. Sc

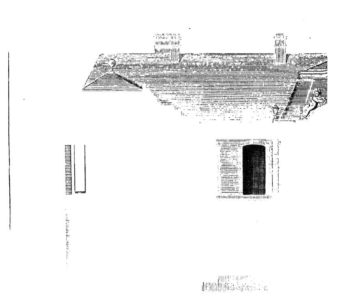

de la Cour

, tov

_de la_ IIV So

A cet étage, fe trouvent encore trois Chambres de Maîtres, dont deux *a. d.* ont chacune deux Garderobes. Celle
marquée *e.* a un petit Cabinet de plus : A côté de cette
derniere Chambre, eft un petit Efcalier, qui monte du
Rez-de-chauffée au Grenier.

Elevation

De la face fur la Cour.

Planche 57.

Les angles du Pavillon du milieu, font cintrés en tour
ronde, & l'on a placé dans chacune de ces parties une
croifée à chaque étage. La face de ce Pavillon eft percée
au rez-de-chauffée d'une porte en plein cintre. L'archivolte eft retourné fur les jambages qui font décorés de
tables en faillie; & le tout eft couronné d'une corniche
faifant reffaut fur le plinthe.

Les arriére-corps de cette porte font refendus, & portent deux corps en faillie, qui forment au premier étage
les jambages d'une large arcade feinte, cintrée en anfe de
panier, & tracée des mêmes centres de la corniche du
fronton qui couronne cette face. Le chambranle de la
croifée qui eft percée dans cette arcade, eft accompagné
de montans que l'on a amortis par le haut, afin que la
corniche de cette croifée, fût plus dégagée : Au deffus de
cette corniche, on a pofé un cartouche foutenu de deux
Lions : Enfin le vafe élevé fur le milieu du fronton, & les
deux Génies qui font aux deux côtés, terminent la face
de ce Pavillon avec affez de grace.

Les faces des avant-corps qui flanquent cette élévation,
étant plus larges que celle du Pavillon du milieu, on les

a retreſſies par des corps de pilaſtres, qui ſont retournés ſous le plafond de la corniche de l'entablement : Ces corps de pilaſtres ſont refendus au Rez-de-chauſſée , & ornés de tables en ſaillie au premier étage.

E L E V A T I O N.

De la face ſur le Jardin.

Planche 58.

Au Rez-de-chauſſée, la face du Pavillon du milieu eſt percée d'une porte en anſe de panier ; qui eſt accompagnée de larges corps décorés de tables en ſaillie , dont le nud ſe réunit ſous le plinthe par une petite platebande : Ces corps ſervent de piédeſtaux à des pilaſtres Ioniques accouplés , qui décorent le premier étage de cette face, laquelle eſt couronnée d'un fronton cintré ſans baſe.

Ces pilaſtres ſont accompagnés d'arriére-corps : Les intérieurs ſont continués dans le tympan, & ils ſont réunis ſous la corniche à une platebande tracée du centre du fronton.

La croiſée eſt à balcon ; les montans de ſon chambranle s'amortiſſant par en haut, portent une petite corniche avec enroulement : Elle eſt ſurmontée d'un cartouche, qui entoure un œil de bœuf ſervant à éclairer le Grenier.

Les avant-corps des extrêmités de cette élévation, ſont flanqués de la même maniére que la face du Pavillon du milieu. Leurs croiſées ſont en niche, & celle du premier étage eſt ſurhauſſée d'un couronnement qui accompagne un œil de bœuf ; c'eſt pourquoi l'on a ſupprimé en partie la baſe du fronton triangulaire qui termine chacun de ces avant-corps, dont la décoration cadence aſſez bien avec celle de la face du Pavillon du milieu.

Elevation du

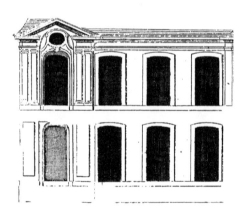

L

1.er ore.

té du Jardin

10 tot

Coupe prise sur le Vestibule et le Salon de la Planche 51.

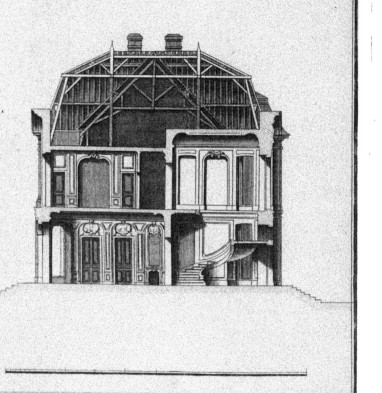

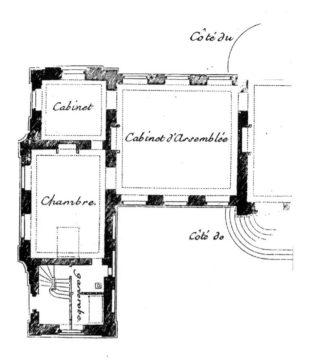

Rez de Chaüs

Côté du

Cabinet

Cabinet d'Assemblée

Chambre.

garderobe.

Côté de

1re Distribution

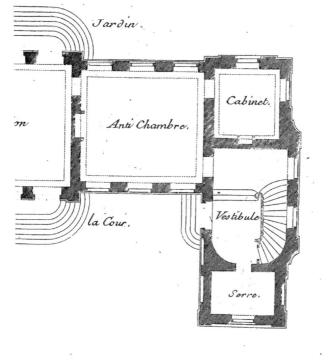

Jardin

Cabinet.

Anti Chambre.

la Cour.

Vestibule

Serre.

10 toi

COUPE

De la premiere forme d'un Bâtiment de dix-huit toises de face.

Planche 59.

Cette coupe eft prife fur le Veftibule & le Salon de la premiere diftribution de cette forme, Planche 51.

CHAPITRE II.

De la deuxiéme forme d'un Bâtiment de dix-huit toises de face, où l'on trouve deux différentes Diftributions, leurs deux Elévations, & leur Coupe.

REZ-DE-CHAUSSÉE

De la premiere Diftribution.

Planche 60.

C'EST pour un Bâtiment fimple de vingt & un pieds de largeur dans œuvre, qu'on a fait cette diftribution. Il a deux entrées dans la Cour, l'une par le Salon, l'autre par la cage de l'Efcalier, de laquelle on paffe dans une Anti-chambre deftinée pour manger : A côté de cette piéce eft un Cabinet, où le Maître de la maifon pourra faire entrer ceux qui auront des affaires à lui communiquer. De cette Anti-chambre on va dans le Salon, qui peut fervir l'Efté de Cabinet d'affemblée ; de celui-ci on

N ij

paſſe dans un autre Cabinet, que l'on occupera dans les Saiſons froides. Ce dernier donne paſſage dans une Chambre à coucher, & dans un Cabinet qui lui eſt deſtiné : Au bout de cette Chambre ſont deux Garderobes, au deſſus deſquelles on peut faire une Entre-ſole, où l'on montera par l'Eſcalier de dégagement qui eſt à côté, & qui ſervira auſſi à monter au premier étage, & dans les Greniers.

Premier Etage

De la premiere Diſtribution,

Planche 61.

Lorſqu'on eſt parvenu ſur le premier palier du principal Eſcalier, on entre dans une petite piéce, où l'on pourroit placer un lit de Domeſtique ; à côté eſt un petit Eſcalier, pour monter à une Entre-ſole au deſſus de cette piéce, où l'on pourroit auſſi placer une Chapelle, & alors il faudroit retrancher l'Eſcalier.

Dans cet étage ſont contenues huit Chambres de Maîtres. Celles marquées a. b. ont chacune un Cabinet, & deux Garderobes : Toutes les autres n'ont que deux Garderobes chacune.

Rez-de-chaussée

De la ſeconde Diſtribution,

Planche 62.

C'eſt un ſemi-double de quarante pieds de largeur dans œuvre. On entre par le milieu de la face de la Cour dans un Veſtibule, à la droite duquel on trouve le principal

Premier Etage

Co

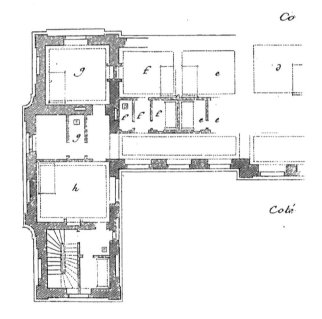

Coté

Distribution

du Jardin

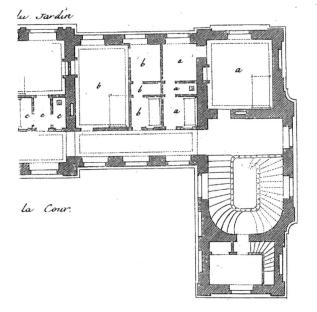

la Cour.

10 toi

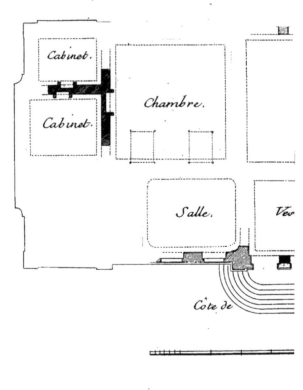

Rez de Chauss e

Côte du

Cabinet.

Cabinet.

Chambre.

Salle.

Ve

Côte de

⸙Distribution

Jardin

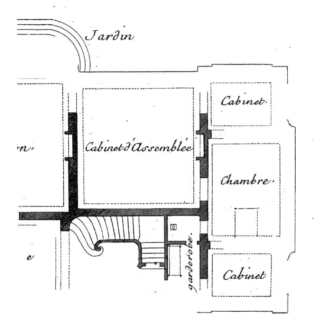

Cabinet

n

Cabinet d'Assemblée

Chambre

garderobe

e

Cabinet

la Cour.

10 toi

de la M⸍ Sc.

Côté

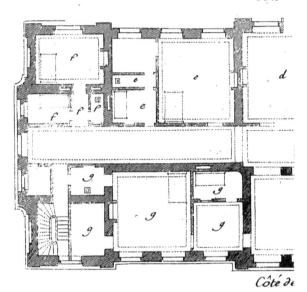

Côté de

Distribution.

Jardin

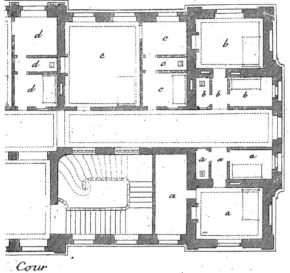

Cour

10 toi

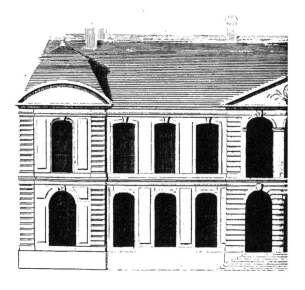

'e de la Cour.

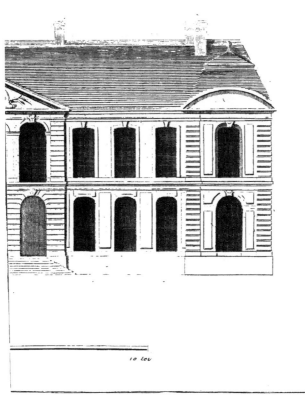

10 tou

De la ITI sc

Efcalier, & à la gauche la Sale à manger : Ce Veſtibule conduit au Salon, duquel on entre dans le Cabinet d'aſſemblée, qui ſert de paſſage à un Cabinet & à une Chambre à coucher, qui a encore un autre Cabinet éclairé ſur la Cour, & deux Garderobes dégagées par le principal Efcalier.

De l'autre côté du Salon, eſt une grande Chambre à coucher, où l'on peut placer deux lits : Elle a pour commodités deux grands Cabinets, un Serre-papiers, & deux Garderobes, à côté deſquelles eſt un Efcalier de dégagement, qui a ſon entrée par le pignon, & qui communique à des Entre-ſoles, au premier Etage, & aux Greniers.

PREMIER ETAGE

De la ſeconde Diſtribution.

Planche 63.

L'appartement g. eſt compoſé d'une Anti-chambre, d'une Chambre, d'un Cabinet, & de deux Garderobes. Les quatre Chambres a. c. d. e. ont chacune un Cabinet, & deux Garderobes, & il n'y a que deux Garderobes aux Chambres b. & f.

ELEVATION

De la face du côté de la Cour.

Planche 64.

Le Pavillon du milieu, eſt ouvert de trois portes vitrées, dont les jambages ſont décorés de refend : Il eſt percé au premier étage de trois croiſées à balcon, & flanqué de pilaſtres de refend, qui ſont retournés ſous le plafond de la Corniche : Le tout eſt ſurmonté d'un fronton triangulaire.

Les deux avant-corps des extrêmités de cette élévation, ſont auſſi flanqués de pilaſtres de refend retournés comme les précédens. Le nud de leurs murs eſt décoré de tables, en ſaillie : & ils ſont terminés par des frontons cintrés.

Quoiqu'il régne en cette face une grande ſimplicité, l'harmonie de ſes principales parties préſente un coup d'œil agréable.

ELEVATION

De la Face du côté du Jardin.

Planche 65.

Le Pavillon du milieu, eſt percé au Rez-de-chauſſée comme le précédent : Son premier étage eſt décoré de pilaſtres Ioniques : Ceux de ſes extrêmités ſont accouplés. Trois croiſées à balcon y ſont percées dans des renfoncemens, & le tout eſt ſurhauſſé d'un fronton triangulaire, retourné ſur l'aplomb des pilaſtres des angles.

Chaque avant-corps des extrêmités de cette face, eſt décoré d'une porte feinte, dans laquelle on a percé une croiſée. La corniche dont cette porte eſt ornée, fait reſſaut ſur le plinthe, & les arriére-corps ſont refendus, afin de donner à cette partie plus de légereté.

Le premier étage de ces avant-corps, eſt flanqué de larges corps de pilaſtres, qui portent un fronton en anſe de panier : La croiſée eſt percée dans un renfoncement cintré par le haut, & des mêmes points dont on a tracé le fronton. Aux deux côtés du chambranle de cette croiſée, ſont deux montans qui portent une petite corniche, ſur laquelle on a mis un cartouche, qui accompagne un œil de bœuf, ſervant à donner du jour au Grenier.

Elevation

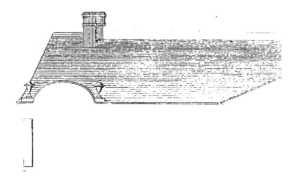

côté du Jardin

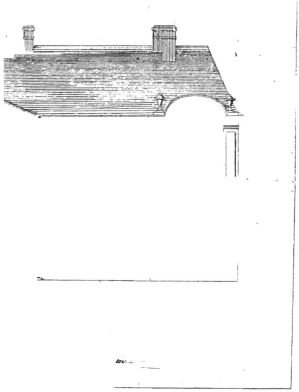

de la 172 Sc

Coupe prise sur le Vestibule et le Salon de la Planche 62

Rez de Chau

Coté du

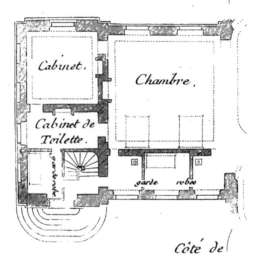

Cabinet.

Chambre.

Cabinet de
Toilette.

garde   robes

Coté de

re Distribution

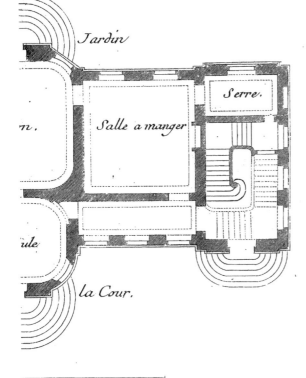

Jardin

Serre.

Salle a manger

n.

ule

la Cour.

10 toi

C O U P E

De la deuxiéme forme d'un Bâtiment de dix-huit toifes de face.

Planche 66.

Elle eft prife fur le Veftibule & le Salon de la feconde diftribution de cette forme , Planche 62.

CHAPITRE III.

De la troifiéme forme d'un Bâtiment de dix-huit toifes de face ; fur laquelle forme on offre deux différentes diftributions , leurs Elévations , & leur Coupe,

R e z-d e-c h a u s s e'e

De la premiere Diftribution;

Planche 67.

ON a ordonné ici la diftribution d'un Bâtiment femi-double, de vingt-neuf pieds de largeur dans œuvre. Le Veftibule qui occupe le milieu de la face fur la Cour, eft la premiere piéce par laquelle on entre : Il donne paffage dans le Salon, qui conduit à une Chambre à coucher, où l'on peut mettre deux lits ; & c'eft pour cette raifon qu'on lui a attribué deux Cabinets , dont un fera pour la toilette ; & quatre Garderobes, deux defquelles peüvent être occupées par des Domeftiques ; & les autres fervir à

la chaife percée. Si les Maîtres vouloient employer à d'autres ufages les piéces deftinées aux Gens de fervice, ils
pourroient les faire coucher au deffus dans des Entre-foles,
aufquelles on monteroit par l'Efcalier de dégagement, qui
méne au premier Etage & au Grenier.

Le Salon introduit encore dans la Sale à manger, qui a
d'un côté une Serre, & de l'autre un paffage éclairé fur
la Cour, par lequel on va du Veftibule au grand Efcalier,
qui a fa principale entrée par une de extrêmités de la face
fur la Cour. Si on le jugeoit à propos, on pourroit faire
dans ce paffage une cloifon qui y formeroit un petit réduit, lequel auroit deux croifées fur la Cour & une fortie
par le Veftibule, & communiqueroit à l'efcalier & à la Sale.

Premier Etage

De la premiere Diftribution.

Planche 68.

Cet étage contient fix Chambres de Maîtres. Celle marquée *c.* a une petite Anti-chambre, un Cabinet & deux
Garderobes. Les deux *a. f.* ont chacune deux Garderobes :
chacune des trois autres n'en a qu'une.

Rez-de-chauffée

De la feconde Diftribution.

Planche 69.

Ce femi-double a trente-huit pieds de largeur dans œuvre. Le Veftibule placé au milieu de la face de la Cour,
eft deftiné à fervir d'Anti-chambre ; & dans l'un de fes
murs

Premier Et

Coté d

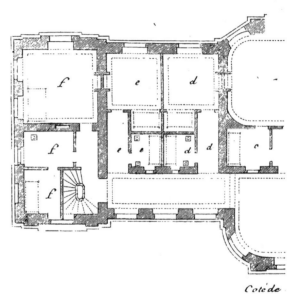

Coté de

B ou

1.ere Distribution

rdin.

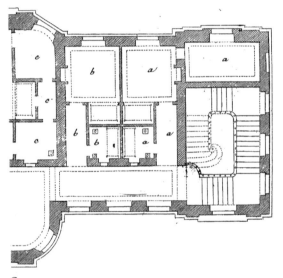

Cour.

10 tou

de la M Sc

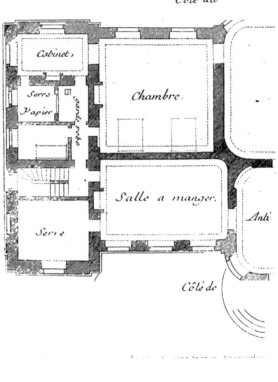

Coté du

Cabinet

Chambre

Serre Papier

Garderobe

Salle a manger

Serre

Anti

Côté de

e Distribution

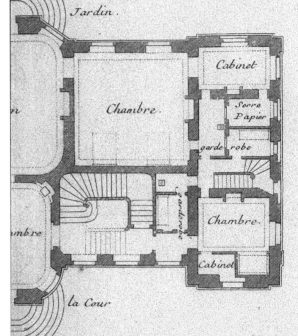

Jardin.

Cabinet

Chambre.

Serre Papier

garde robe

garde robe

Chambre.

Cabinet

mbre

la Cour

10 toi

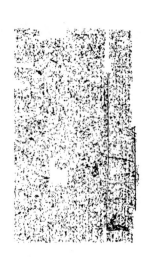

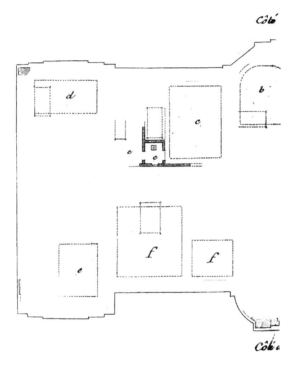

Premier Etage

Côté

Côté

Rue

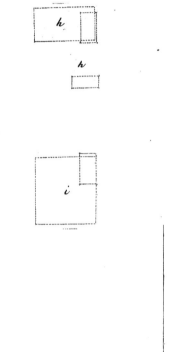

_de la m sc_

murs de refend, on a placé un tuyau, pour y faire passer
la fumée d'un poële. Cette Anti-chambre s'ouvre dans la
Sale à manger, & sur le principal Escalier, au bout duquel
est un petit appartement à coucher, qui contient un passage servant d'Anti-chambre, une Chambre, un Cabinet, &
deux Garderobes.

Du Vestibule on entre dans le Salon, aux deux côtés
duquel sont deux Chambres à coucher, qui peuvent chacune recevoir deux lits, & ont pour leur service chacune
un Cabinet, un Serre-papiers & deux Garderobes, dont la
sortie est pratiquée par des Escaliers qui ont leurs entrées
par les pignons. Ces Escaliers de dégagement communi-
quent à des Entre-soles, au premier étage & aux Greniers.

Premier Etage

De la seconde Distribution.

Planche 70.

Neuf Chambres de Maîtres en composent toute la distribution. Celle marquée *f.* a une Anti-chambre & deux
Garderobes. Les trois *c. g. i.* ont chacune deux Garderobes, & un petit Cabinet. Les quatre *a. b. d. h.* ont deux
Garderobes chacune ; & la derniére marquée *e.* n'en a
qu'une.

Les deux Escaliers de dégagement, qui sont aux deux
bouts du Corridor, sont les mêmes dont on a parlé à la
distribution du Rez-de-chaussée.

Elevation

De la face du côté de la Cour.

Planche 71.

Le milieu de cette élévation est décoré d'un Pavillon, dont les angles font en tour ronde. Au Rez-de-chauffée, fa face est orné de refend, qui fe termine contre le bandeau de la porte. Elle est flanquée au premier étage de larges corps, qui portent un fronton cintré fans bafe. La croifée qui est à balcon, est percée dans un renfoncement bombé par le haut, & tracé du même centre du fronton.

Les Pavillons angulaires étant plus larges que la face de celui du milieu, on a retreffi celle qu'on leur a donnée, par des pilaftres de refend, qui font reffaut fur le plafond de la corniche. Les bandeaux de leurs croifées au Rez-de-chauffée, font accompagnés de montans, qui foutiennent la corniche qui est au deffus : Ces petits avant-corps rendent ces parties plus légéres.

Elevation

De la face du côté du Jardin,

Planche 72.

Le Pavillon du milieu est à pans coupés : Sa face est percée d'une porte, dont les montans qui accompagnent fon chambranle, portent la corniche dont elle est couronnée. Sur fes arriére-corps, qui font refendus, on a placé au premier étage, deux larges pilaftres, fur lefquels est ap-

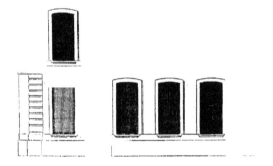

Cour

10 toi

de la 177 Sc

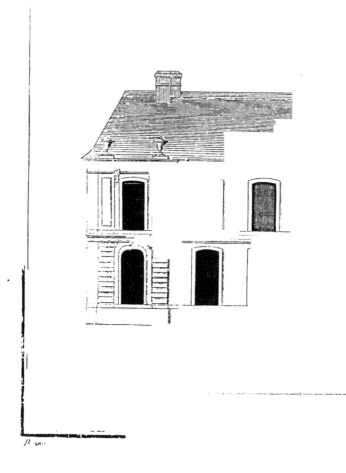

du Jardin

10 tou

Coupe prise sur le principal Escalier de la Planche 67

puyé un fronton triangulaire : On a retranché partie de fa bafe ; afin de pouvoir orner le haut de la croifée d'un morceau de fculpture.

Pour la même raifon, qu'on a alléguée à l'article de l'Elévation fur la Cour, on a retreffi les faces des avantcorps qui font aux extrêmités de celle-ci. Chacune de ces faces eft décorée d'une porte feinte, dans laquelle on a percé une croifée ; & pour rendre ces portes plus apparentes, & les faire mieux cadencer avec celle du milieu de la façade, on a refendu leurs arriére-corps.

Les croifées du premier étage de ces Pavillons, font ornées de montans, qui font reffaut fous le plafond de la corniche, & leurs arriére-corps font décorés de tables en faillie.

COUPE

De la troifiéme Forme d'un Bâtiment de dix-huit toifes de face.

Planche 73.

Cette coupe eft prife fur le principal Efcalier de la premiere diftribution de cette troifiéme forme, Planche 67.

CHAPITRE IV.

*De la quatriéme forme d'un Bâtiment de dix-huit toises de face,
à laquelle forme on donne trois différentes diftributions, avec
leurs Elévations fur la Cour & fur le Jardin, & leur Coupe.*

REZ-DE-CHAUSSÉE
De la premiere Diftribution.

Planche 74.

CEtte diftribution eft une efpéce de femi-double de
vingt-cinq pieds de largeur dans œuvre. Un Veftibule s'y préfente à l'entrée principale, qui eft au milieu
de la face fur la Cour : Il eft fuivi d'un Salon, où l'on a
placé un tuyau fervant à conduire au dehors la fumée
d'un poële.

A côté de ce Salon, eft le Cabinet d'aſſemblée, à l'un
des bouts duquel eft une Chambre à coucher, qui a fon
Cabinet, fon Serre-papiers, & trois Garderobes, dont une
peut fervir au Cabinet d'aſſemblée. Près du Serre-papiers,
eft un Efcalier de dégagement, qui conduit à des Entre-
foles pratiquées fur les petites piéces de cet appartement.

Par un autre côté du Salon, on entre dans une Sale à
manger, d'où l'on paſſe dans une chambre à coucher, accompagnée d'un Cabinet & de deux Garderobes.

Le principal Efcalier eft placé dans un des Pavillons qui
flanquent cette face. On y entre de la Cour par une porte
percée dans le flanc intérieur de ce Pavillon : on y communique auſſi du Veftibule par un paſſage,

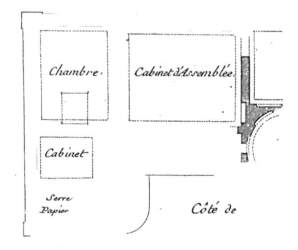

Rez de Chauss

Coté

Chambre.

Cabinet d'Assemblée.

Cabinet

Serre
Papier

Côté de

ere Distribution

Jardin

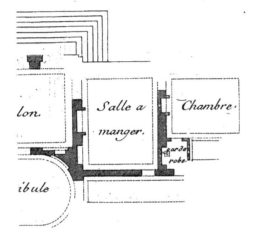

lon.

Salle a manger.

Chambre.

garde robe.

ibule

la Cour.

10 toi

de la M. Se

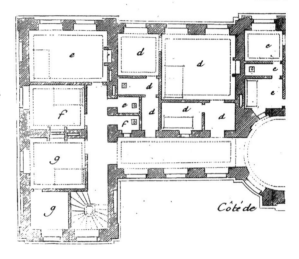

_e_ _Distribution_ ,

_u_ _Jardin_

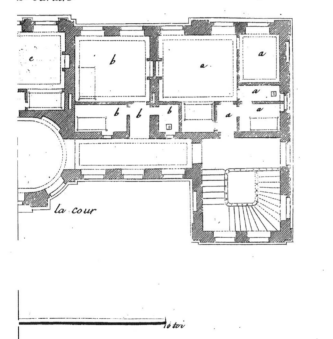

la cour

16 toi

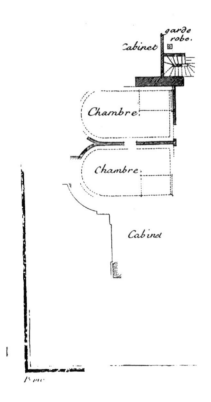

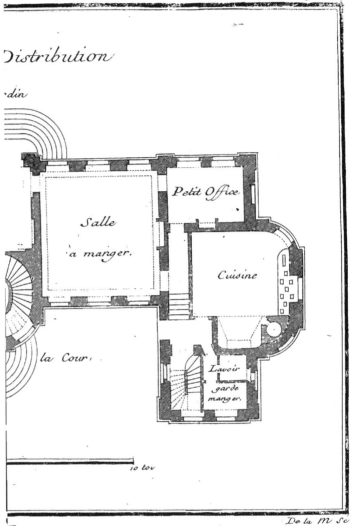

Distribution

din

Salle
`a manger.

Petit Office

Cuisine

la Cour.

Lavoir
garde
manger.

10 toi

De la M Sc

PREMIER ETAGE

De la premiere Diftribution.

Planche 75.

Sept Chambres de Maîtres font renfermées dans cet étage. Les trois *a. c. d.* ont chacune un Cabinet & deux Garderobes : Celle marquée *b.* a deux Garderobes : A chacune
des Chambres *e. f. g.* il n'y en a qu'une.

Le petit Efcalier qui eft dans l'angle d'un des Pavillons,
dégage ce premier étage, & fert à monter dans les Greniers,

REZ-DE-CHAUSSE'E

De la feconde Diftribution.

Planche 76,

C'eft un Bâtiment fimple, de vingt-quatre pieds de largeur dans œuvre, dont on voit ici la diftribution. Son
entrée, qui eft au milieu de la face de la Cour, rend dans
un Veftibule, où l'on a fitué l'Efcalier principal, & qui
conduit à un Salon, que joint d'un côté le Cabinet d'affemblée, qui eft éclairé par trois croifées fur la Cour, &
par trois autres fur le Jardin. Cette derniére piéce s'ouvre
fur un petit Corridor commun à deux Chambres à coucher, qui ont chacune un Cabinet, une Garderobe, & un
petit Efcalier pour monter à des Entre-Soles.

De l'autre côté du Salon, eft une Sale à manger de même grandeur que le Cabinet d'affemblée. De cette fale on
paffe à un Corridor, qui conduit à un petit Office, & par

lequel en defcendant fix marches, on arrive dans un petit Veftibule, qui a fa principale entrée par la Cour, au def-fus de laquelle il n'eft élevé que de fix pouces. Ce petit Veftibule diftribue à la Cuifine, à un Garde-manger, à un Lavoir, & à un Efcalier qui méne aux Entre-foles conf-truites au deffus de ces piéces, & deftinées pour les Offi-ces. Cet Efcalier monte auffi au premier étage & aux Greniers.

Premier Etage

De la feconde Diftribution.

Planche 77.

A cet étage il y a deux appartemens complets, qui ont une Anti-chambre commune, & font compofés chacun d'une chambre, d'un Cabinet, & de deux Garderobes.

Le furplus de cet étage contient quatre Chambres de Maîtres. Celles *a. c.* ont chacune un Cabinet, & deux Garderobes; & les deux autres *b. d.* ont deux Garderobes chacune.

Aux deux bouts de cet étage, font deux petits Efcaliers pour le fervice des Domeftiques, & pour monter aux Greniers.

Rez-de-chauffée

De la troifiéme Diftribution.

Planche 78.

Cette diftribution eft pour un femi-double, de trente-cinq pieds de largeur dans œuvre. On y entre de la Cour par le Pavillon du milieu qui renferme le Veftibule. Cette

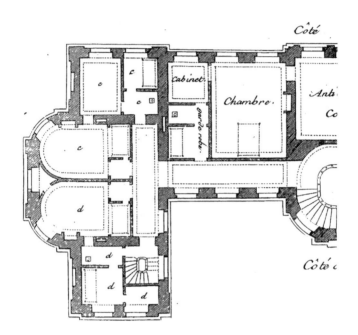

Distribution

Jardin

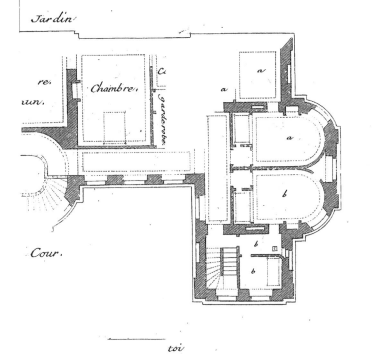

re,

un.

Chambre,

C

garderobe

a

a

a

a

b

b

b

Cour.

toi

de la m Se

Côté

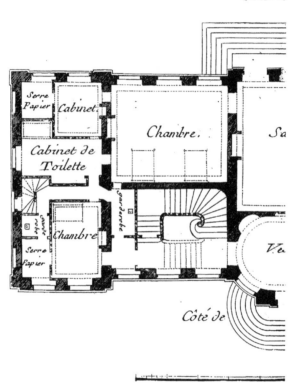

Côté de

Distribution

Jardin

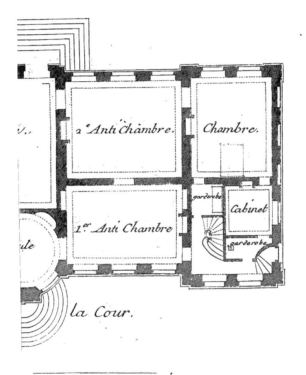

Côté

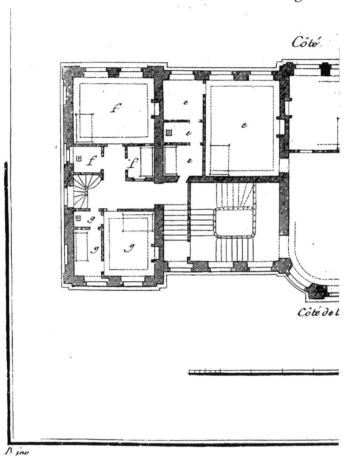

Côté de l

B inv

Distribution

Jardin

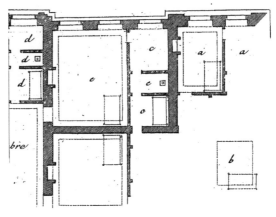

ur.

10 tov

de la VVl So

piéce communique fur la droite à une premiere Anti-chambre éclairée fur la Cour , & où l'on pourra manger : Elle a une porte qui donne dans une feconde Anti-chambre , qui dans les Saifons froides fervira de Cabinet d'affemblée ; le Salon qui eft à côté , pouvant en fervir dans les tems de chaleur. Il fera fort aifé de percer ce Salon du côté du Veftibule , fi on le juge à propos.

A la main gauche , eft une Chambre à coucher , dans laquelle on peut placer deux lits : Elle a pour commodités un Cabinet , un Serre-papiers , & un fecond Cabinet pour la toilette , où l'on a mis un lit en niche. A côté de ce dernier Cabinet , eft un paffage , au bout duquel fe trouve un Efcalier qui a fon entrée par le pignon , & qui fert à dégager la Garderobe de cet appartement , & celle d'une autre Chambre à coucher qui eft à côté. Cette Chambre a auffi un petit Cabinet , & un Serre-papiers ; & elle a fon entrée principale par le grand Efcalier , dont elle eft féparée par un paffage , qui lui fert d'Anti-chambre.

Au bout de la feconde Anti-chambre , dont on a parlé , eft une troifiéme Chambre à coucher , accompagnée d'un Cabinet , & de deux Garderobes qui ont leurs forties par un Efcalier de dégagement , dans lequel on entre de la premiere Anti-chambre , & par une porte percée dans le pignon.

PREMIER ETAGE

De la troifiéme Diftribution.

Planche 79.

On n'a point mis de Corridor dans cette diftribution. Le deuxiéme palier du principal Efcalier , eft commun à deux

rampes : Par celle qui se trouve hors de la cage de cet Escalier, on monte à deux Chambres marquées *f. g.* qui ont
chacune deux Garderobes voisines d'un petit Escalier, qui
monte de fond pour le service des Domestiques , & qui
conduit aussi aux Greniers.

Du grand palier de l'Escalier principal, on entre dans
une Anti-chambre commune à quatre Chambres de Maîtres. Celle marquée *e.* a un Cabinet & deux Garderobes,
qui sont dégagées par le petit Escalier dont on vient de
parler. Les deux *d. c.* ont les mêmes piéces, & la Chambre marquée *h.* a un Cabinet & une Garderobe.

Par l'Escalier de dégagement placé au rez-de-chaussée,
à côté de la Sale à manger, l'on monte dans un passage,
par lequel les Garderobes des Chambres *c. h.* se trouvent
dégagées, & qui donne entrée dans les deux Chambres *a.*
b. dont la premiere a un Cabinet & deux Garderobes, &
la seconde deux Garderobes seulement.

ELEVATION

De la Face sur la Cour.

Planche 80.

On a coupé en tour ronde les angles du Pavillon du milieu, afin de donner plus de dégagement à cette face. Ce
Pavillon est percé d'une porte à anse de panier , dont le
chambranle est accompagné de montans qui en portent la
corniche , & dont les arriere-corps sont décorés de refend.
Sur ces arriere-corps s'élèvent deux larges pilastres , qui
flanquent cette face au premier étage: La croisée qui est à
balcon , est pratiquée dans un renfoncement, dont la profondeur est de la saillie de l'imposte ; & le tout est terminé
par un couronnement.

On

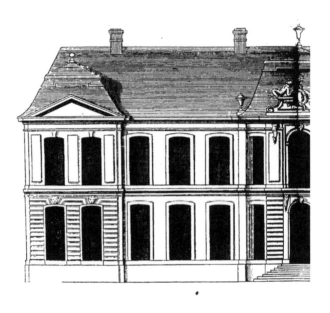

de la Cour.

de la M. S.ᵗᵉ

Elevation

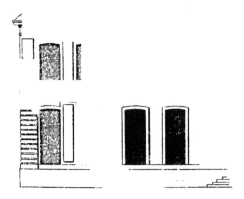

du Jardin

de la m sc

On a rétreſſi les faces des Pavillons des extrêmités de cette élévation, pour leur donner plus de légereté : Elles ont à chaque étage deux croiſées, dont les piédroits ſont refendus au rez-de-chauſſée, & ornés de tables en ſaillie au premier étage : Ces deux avant-corps ſont ſurhauſſés d'un fronton triangulaire.

ELEVATION

De la face ſur le Jardin.

Planche 81.

Trois portes vitrées ornent au Rez-de-chauſſée le Pavillon du milieu : Leurs jambages qui ſont avant-corps, ſont tous d'une égale largeur : On les a refendus, pour les faire diſtinguer mieux. Sur chacun de ces jambages, s'élévent au premier étage des pilaſtres Attiques, qui n'ont point de chapiteaux ; mais à la place deſquels on a mis des agrafes. Ces pilaſtres accompagnent trois croiſées à balcon, & cintrées en anſe de panier : Elles ſont décorées d'impoſtes & d'archivoltes, & au deſſus eſt un fronton retourné ſur les arriére-corps de ce Pavillon.

Les deux Pavillons angulaires de cette façade, ſont flanqués de larges corps de pilaſtres, qui ſont reſſaut ſur la corniche : On les a refendus au Rez-de-chauſſée, & ils ſont décorés de tables en ſaillie au premier étage ; ce qu'on a obſervé, pour garder de l'uniformité dans la décoration des avant-corps de cette façade.

COUPE

De la quatriéme forme d'un Bâtiment de dix-huit toises
de face.

Planche 82.

Elle est prise sur le Vestibule & le Salon de la seconde
distribution de cette forme, Planche 76.

Fin de la cinquiéme Partie.

Coupe prise sur le Vestibule et le Salon de la Planche 76.

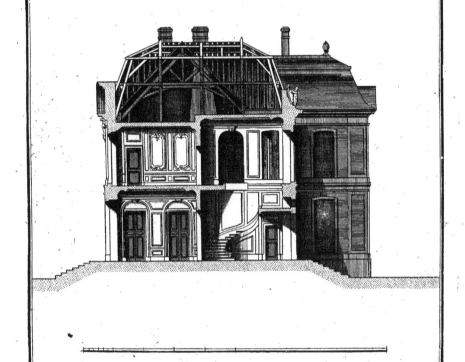

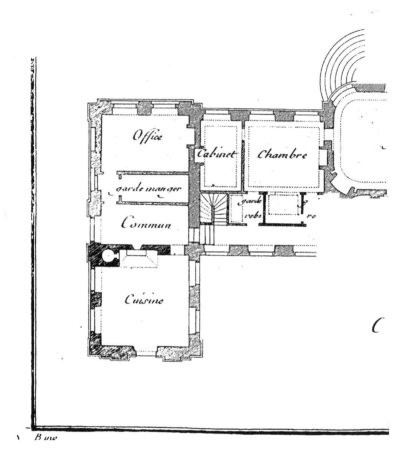

Rez de Chaussée

Office

Cabinet

Chambre

garde manger

garde robe

Commun

Cuisine

B ine

re Distribution

din

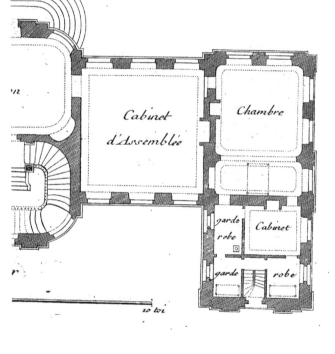

n

Cabinet
d'Assemblée

Chambre

garde robe

Cabinet

garde robe

r

10 toi

L'ART DE BÂTIR
DES
MAISONS DE CAMPAGNE.

✶✶✶✶✶✶✶✶✶✶✶✶✶✶✶✶✶✶✶✶ ✶✶✶✶✶✶ ✶✶✶✶✶✶✶✶✶✶✶✶✶✶✶✶✶✶✶✶

SIXIEME PARTIE,

Qui renferme plufieurs Diftributions fur quatre formes différen-
tes, leurs Elévations fur la Cour & fur le Jardin , & leurs
Coupes, pour conftruire un Bâtiment de vingt toifes de Face.

CHAPITRE PREMIER.

De la premiere forme, où l'on trouve fept différentes Diftribu-
tions, leurs Elévations fur la Cour & fur le Jardin , & trois
Coupes.

REZ-DE-CHAUSSÉE

De la premiere Diftribution.

Planche 83.

 'EST un Bâtiment fimple, de vingt-quatre pieds
de largeur dans œuvre, dont on diftribue icí
toutes les piéces qui le compofent.

    Le Pavillon du milieu de la face fur la
Cour, contient le Veftibule, dans lequel le
grand Efcalier eft fitué. On ne monte qu'une marche, pour

fe trouver au plain-pied de ce Veftibule ; & l'on en monte fix, pour arriver fur le premier palier de l'Efcalier, qui
étant de niveau avec les appartemens du Rez-de-chauffée,
donne entrée dans le Salon.

Cette derniére piéce eft deftinée pour y manger, &
elle tient lieu d'Anti-chambre au Cabinet d'affemblée,
qui tire fa clarté de trois croifées fur le Jardin, & de trois
autres fur la Cour & joignant lequel eft une Chambre
à coucher : Cette Chambre a pour fon fervice un Cabinet
& trois Garderobes, qui ont leur fortie par un Efcalier de
dégagement conftruit pour les Entre-foles, le premier étage, & les Greniers.

On paffe du Salon dans une feconde Chambre à coucher, à laquelle on a donné un Cabinet, & deux Garderobes dégagées par un paffage, qui conduit du Veftibule
au Commun, lequel fe trouve placé entre la Cuifine, le
Garde-manger & l'Office. Sur ces trois derniéres piéces,
on pratiquera des Entre-foles, aufquelles on montera par
le petit Efcalier, dont l'entrée eft dans le paffage ci-deffus, & qui conduira auffi au premier étage & aux Greniers.

PREMIER ETAGE

De la premiere Diftribution,

Planche 84.

Il eft diftribué en fept Chambres de Maîtres. Les deux
a. b. ont chacune un petit Cabinet, & deux Garderobes :
les cinq autres Chambres n'ont que deux Garderobes chacune.

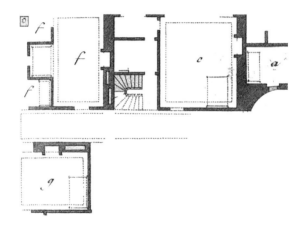

Premier Etage 1

Distribution

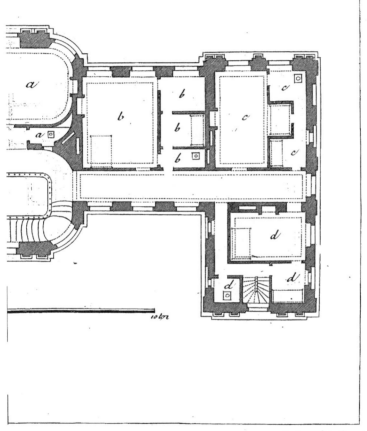

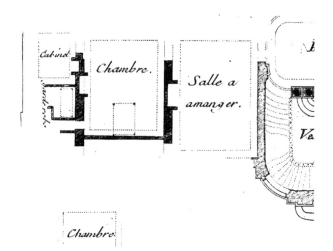

Cabinet

Chambre.

Salle a
amanger.

Chambre

2ᵉ Distribution

rdin

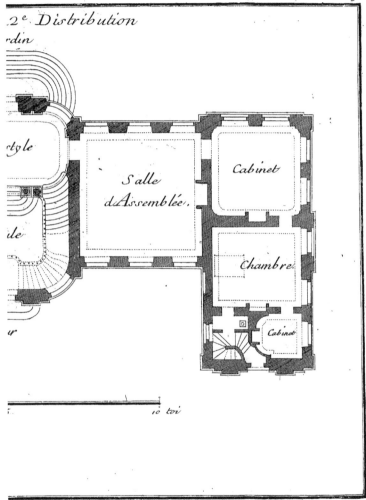

rtyle

Salle
d'Assemblée.

Cabinet

ule

Chambre.

r

Cabinet

10 toi

REZ-DE-CHAUSSÉE

De la seconde Diſtribution.

Planche 85.

Cette diſtribution eſt encore pour un Bâtiment ſimple, de vingt-quatre pieds de largeur dans œuvre, comme le précédent : On n'y monte auſſi qu'une marche, pour entrer ſur le plain-pied du Veſtibule; & ſix autres pour atteindre le niveau d'un periſtyle, qui n'eſt ſéparé du Veſtibule que par des colonnes accouplées, à la place deſquelles on pourroit en mettre de ſimples.

A l'un des côtés de ce periſtyle, eſt le Cabinet d'aſſemblée, auquel le jour eſt fourni par trois croiſées ſur le Jardin, & par trois autres ſur la Cour. De ce grand Cabinet, on paſſe dans un autre plus petit, qui eſt éclairé de deux croiſées ſur le Jardin, & de deux autres ouvertes dans le pignon. Ce dernier pourra être occupé par le Maître dans les jours qu'il aura peu de compagnie. Tout auprès, eſt une Chambre à coucher, qu'accompagnent un Cabinet, une Garderobe, & un Eſcalier de dégagement, qui ſert à monter à une Entre-ſole placée ſur les deux petites piéces, & dans laquelle on peut mettre un lit pour un Domeſtique. Ce même Eſcalier monte au premier étage & dans les Greniers.

Par l'autre côté du Periſtyle, on entre dans la Sale à manger, dont les jours ſont ſur le Jardin & ſur la Cour. Cette Sale s'ouvre dans une Chambre à coucher, qui a ſon Cabinet & deux Garderobes; & elle donne paſſage ſur un Corridor, qui conduit à une troiſiéme Chambre à coucher, qui a auſſi pour commodités un Cabinet, & deux Garderobes, Du Corridor on entre dans la cage d'un petit Efcalier, qui a fa fortie par le pignon, & qui eft très-utile pour le fervice de ces deux derniers appartemens.

Premier Etage

De la feconde Diftribution.

Planche 86.

Lorfqu'on eft arrivé fur le grand palier du principal Ef-calier, on trouve en face un autre Efcalier plus petit, pour monter dans les Chambres de la Manfarde, fi l'on juge à propos d'en conftruire une : Il peut être fupprimé, en cas qu'on ne foit pas de cet avis, & il le peut être en-core, fuppofé que pour monter à cette Manfarde, on veuille fe contenter de deux Efcaliers de dégagement, qui font placés aux deux extrêmités de cette diftribution.

Ce premier étage contient cinq chambres de Maî-tres. La principale marquée *c.* eft accompagnée d'une An-tichambre, d'un Cabinet, & de trois Garderobes : Les quatre autres ont deux Garderobes chacune.

Rez-de-chaussée

De la troifiéme Diftribution.

Planche 87.

Ce plan eft pour un femi-double, de trente-neuf pieds de largeur dans œuvre. Le principal Efcalier eft placé dans le veftibule, que renferme le pavillon du milieu. Ce vefti-bule n'eft élevé au deffus de la Cour que de fix pouces ; mais il faut monter dans fon intérieur fix marches, pour arriver fur un large palier, qui eft une efpece de periftyle,

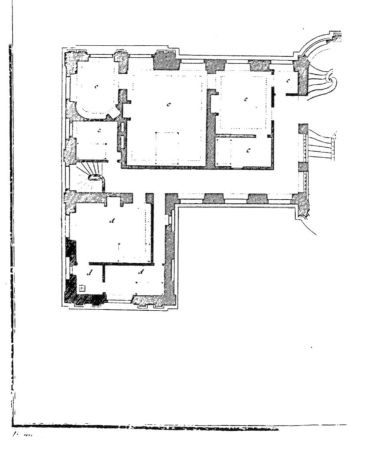

istribution

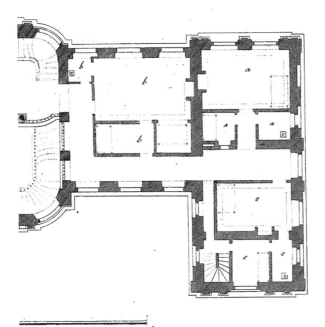

10 tor

dont le plain-pied eſt le même que celui des appartemens du Rez-de-chauſſée.

De ce Periſtyle, on entre dans le Salon qui occupe le milieu de la face ſur le Jardin, & dont une des portes introduit dans le Cabinet d'aſſemblée. Plus loin eſt un Cabinet où le Maître peut ſe retirer, lorſqu'il veut être débarraſſé du grand monde. De là on paſſe dans une Chambre à coucher, qui a un Cabinet & deux Garderobes. Cette Chambre communique à une autre deſtinée au même uſage, qui a les mêmes commodités, & dont la principale entrée eſt par le Cabinet d'aſſemblée. Les Garderobes de ces deux appartemens, ſont dégagées par l'entrée d'un petit eſcalier qui monte au premier étage, & au Grenier.

On entre par une autre porte du Salon, dans la Sale à manger, au bout de laquelle eſt une troiſiéme Chambre à coucher, qu'un Cabinet & deux Garderobes accompagnent.

La Cuiſine eſt dans un des pavillons : Elle n'eſt élevée au deſſus de la Cour que d'une marche, afin qu'on ait la facilité de conſtruire en entre-ſole des Offices ſur cette piéce. A côté de la Cuiſine eſt un paſſage, dans lequel on monte ſix marches, pour arriver au niveau des appartemens du Rez-de-chauſſée : A l'un de ſes bouts, on trouve une ſortie par le pignon ; par l'autre bout, on entre dans un petit Commun, qui ſert d'Anti-ſale à la Sale à manger, & par lequel on entre dans un Office, qui a une autre entrée par le Periſtyle : A côté de ce Commun, eſt un petit eſcalier, pour monter à l'Entre-ſole.

Premier Etage

De la troisiéme Distribution.

Planche 88.

Il est distribué en dix Chambres de Maîtres. Les quatre *a. d. i. l.* ont chacune un Cabinet & deux Garderobes : Les autres n'ont que deux Garderobes.

Rez-de-Chaussée

De la quatriéme Distribution.

Planche 89.

Le Vestibule & l'Escalier principal, sont rangés ici dans le même ordre qu'on leur a donné dans la troisiéme distribution ; il en est de même du Salon, aux deux côtés duquel sont deux piéces, dont l'une doit servir de Cabinet d'assemblée, & l'autre de Sale à manger. Chacune de ces derniéres piéces, sert aussi d'Anti-chambre commune à deux Chambres à coucher, qui ont chacune un Cabinet & deux Garderobes, dont on sort par les deux Escaliers de dégagement.

Premier Etage

De la quatriéme Distribution.

Planche 90.

Un peristyle qui est dans le milieu de cet étage, communique à un Escalier destiné pour monter aux Chambres de la Mansarde, & à deux Corridors qui donnent entrée
dans

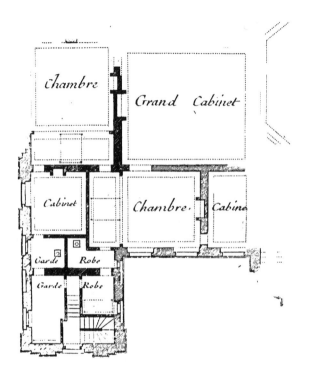

Plan du Rez
Distribution 4^e

Chambre

Grand Cabinet

Cabinet

Chambre

Cabine

Garde Robe

Garde Robe

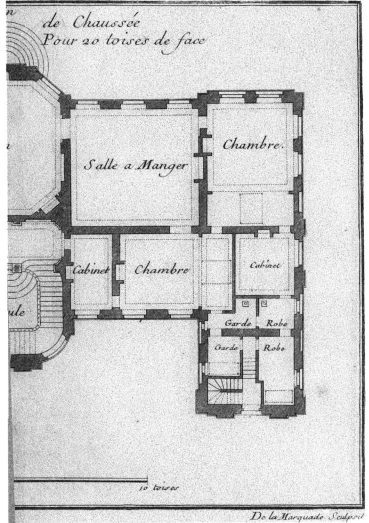

de Chaussée
Pour 20 toises de face

Chambre.

Salle a Manger

Cabinet   Chambre   Cabinet

ule

Garde   Robe

Garde   Robe

10 toises

De la Marquade Sculpsit

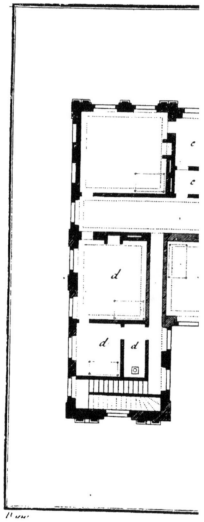

istribution

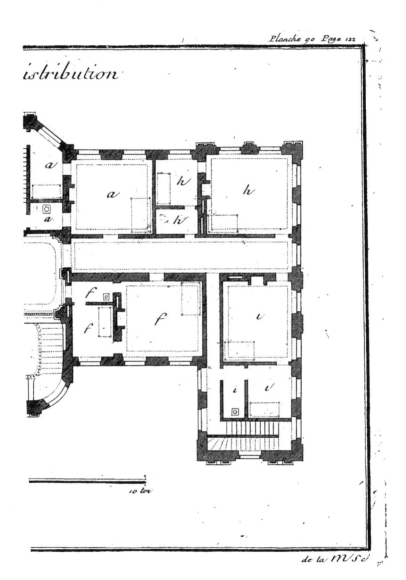

10 toi

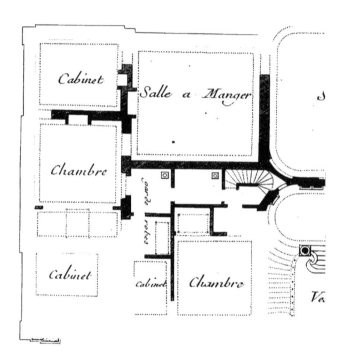

bution   pour 20. toises de face.

din

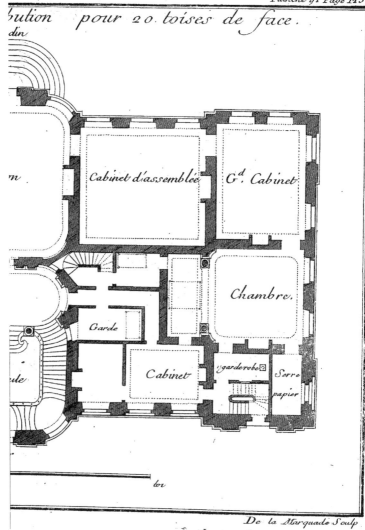

m

Cabinet d'assemblée   *Gd. Cabinet*

Chambre.

Garde

ule

Cabinet   *garderobe*   *Serre*
papier

tot

De la Marquade Sculp

dans huit Chambres de Maîtres, qui ont chacune deux Garderobes.

Rez-de-Chaussée
De la cinquiéme Diſtribution.

Planche 91.

Le principal Eſcalier eſt placé dans le Veſtibule qui occupe le milieu de la face, & dont l'aire n'eſt élevée au deſſus de la Cour que d'une marche. En y entrant, la premiere rampe de l'Eſcalier ſe préſente d'abord, & conduit à un petit periſtyle, qui n'eſt ſéparé du veſtibule que par deux colonnes Doriques, & dont le pourtour eſt décoré de pilaſtres du même ordre.

De ce Periſtyle, on entre dans un Salon, d'où l'on paſſe dans un Cabinet d'aſſemblée, & enſuite dans un autre Cabinet, que les Maîtres pourront occuper, lorſque la compagnie ne ſera pas nombreuſe.

Cette derniére piéce s'ouvre dans une Chambre à coucher, qui a pour commodités un Cabinet, un Serre-papiers, & quatre Garderobes, qui ont leurs ſorties par le periſtyle & par l'Eſcalier placé à côté du Serre-papiers, & dans lequel on entre de la Cour. Cet Eſcalier monte à des entre-ſoles, au premier étage, & au Grenier. Un autre petit Eſcalier voiſin du periſtyle, ne monte qu'à des entre-ſoles.

La Sale à manger eſt à côté du Salon, & elle communique à un Cabinet, & à une Chambre à coucher, qui a encore un autre Cabinet, un Serre-papiers, & deux Garderobes, qui ont une iſſue par un eſcalier de dégagement, communiquant au premier étage, à des entre-ſoles, & aux Greniers.

Du Periſtyle, on paſſe ſur un quarré, par lequel on ſe

rend dans une troifiéme Chambre à coucher, qui a son Cabinet & fa Garderobe, à côté de laquelle eft un petit Efcalier, par lequel le Domeftique montera, pour coucher à une Entre-fole.

Premier Etage

De la cinquiéme Diftribution.

Planche 92.

Le Corridor de cette diftribution, eft non-feulement éclairé par fes deux bouts, & par les trois croifées du grand Efcalier ; mais il l'eft encore par deux lanternes qui donnent de la clarté aux entrées de huit Chambres de Maîtres, marquées *m. n. c. o. f. g. h. i.* lefquelles ont chacune deux Garderobes, ainfi que les fix autres Chambres, qui font auffi renfermées dans cet étage.

Rez-de-chaussée

De la fixiéme Diftribution,

Planche 93.

La difpofition de l'Efcalier principal, & du veftibule de cette diftribution, différe peu de celle qu'on a vûe dans la précédente ; mais le Periftyle eft ici beaucoup plus grand. Cette piéce eft deftinée pour être occupée dans les tems où il régne une grande chaleur. Les croifées de la cage de l'Efcalier, tant du rez-de-chauffée, que du premier étage, lui procureront de la lumiére : Des portes vitrées qu'on placera au Salon & aux dégagemens qui font aux côtés de ce Periftyle, ferviront encore à l'éclairer ; &

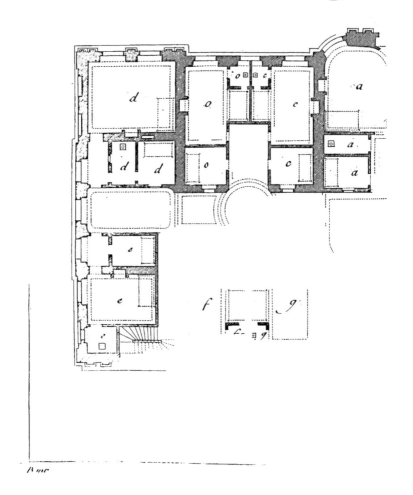

Distribution

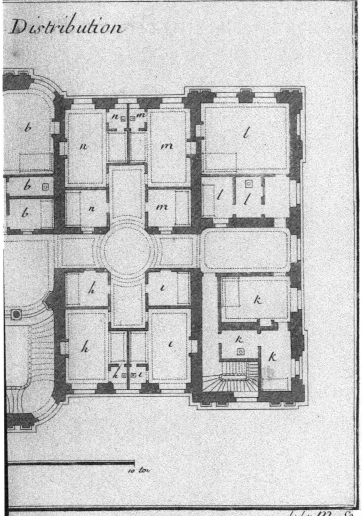

10 tou

de Lu M Sc

Plan du Rez de Chaussée
Coté du

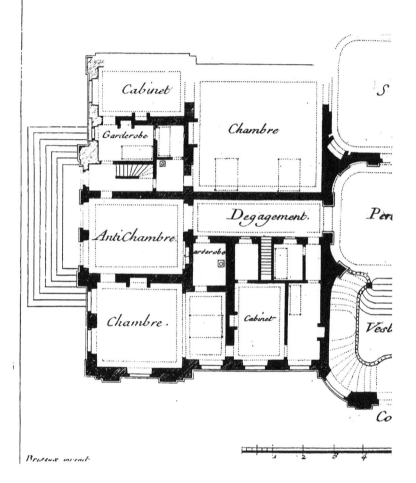

Cabinet

Chambre

S

Garderobe

Degagement

Pér

AntiChambre

Garderobe

Chambre

Cabinet

Vest

Co

Bruseux invenit

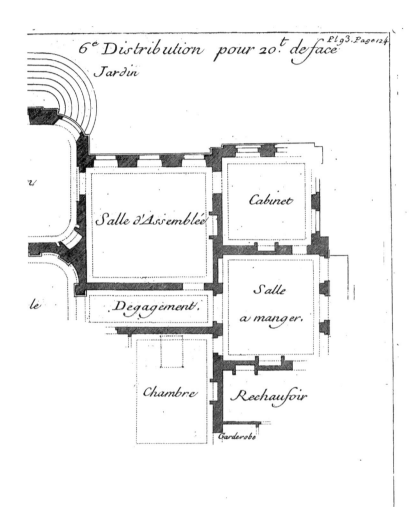

6ᵉ Distribution pour 20.ᵗ de face

Jardin

Salle d'Assemblée

Cabinet

Salle a manger.

Degagement.

Chambre

Rechaufoir

Garderobe

toi

De la Marquade Scul

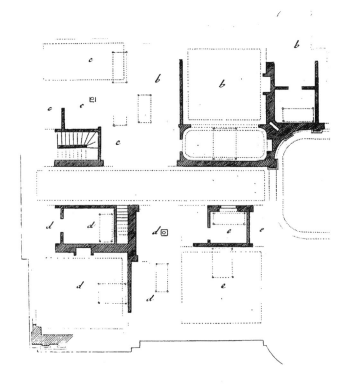

Premier Étage

Distribution

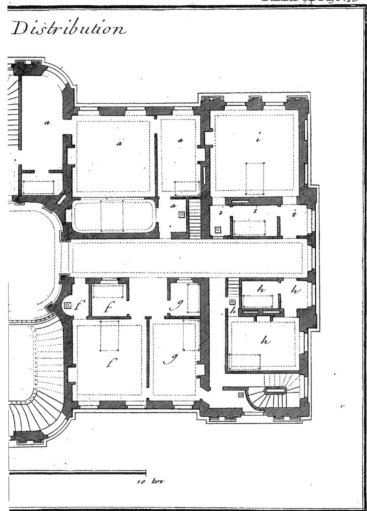

10 toi

à lui procurer une grande fraîcheur : On ouvrira par ces portes de différens paſſages à l'air.

De ce Periſtyle, on entre dans le Salon ; de celui-ci dans une Sale d'aſſemblée ; & plus loin dans un Cabinet, qui peut ſervir au Maître, lorqu'il ne veut avoir avec lui qu'un petit nombre de perſonnes. La Sale à manger ſe trouve à la proximité : On l'a accompagnée d'un Réchauf-foir, qui a une ſeconde entrée par l'Eſcalier de dégage-ment, auquel on monte par une porte percée dans le pignon.

Cette Sale donne paſſage dans une Chambre à coucher, qui a un Cabinet & deux Garderobes, dans l'une deſquel-les eſt pratiqué un petit Eſcalier pour monter à une En-tre-ſole.

A la gauche du Salon, on trouve une ſeconde chambre à coucher, qui peut recevoir deux lits : ſon Cabinet & les deux Garderobes deſtinées pour ſon ſervice, ont leurs iſſues par un autre petit Eſcalier, qui méne aux Entre-ſoles conſtruites ſur ces piéces.

Un dégagement qui joint le Periſtyle, conduit à une Anti-chambre, d'où l'on paſſe à une troiſiéme Chambre à coucher, à côté de laquelle ſont trois Garderobes, un Cabinet, & un Serre-papiers. On monte aux Entre-ſoles par un petit Eſcalier, dont l'entrée eſt dans le dégagement.

PREMIER ETAGE

De la ſixiéme Diſtribution.

Planche 94.

Neuf Chambres de Maîtres compoſent cet étage. Cel-les *a, b.* ſont accompagnées chacune d'une Anti-chambre,

Q ij

d'un Cabinet & de deux Garderobes. Entre les Anti-chambres de ces deux appartemens , eft placé un Efcalier ,
pour monter aux Chambres de la Manfarde. On peut le
fupprimer, fi les deux Efcaliers de dégagement, qui mon-
tent auffi a cet étage, pàroiffent fuffire.

Les cinq Chambres *c. e. f. h. i.* ont chacune deux Garderobes ; celle marquée *g.* n'en a qu'une, & la Chambre *d.*
a une petite Anti-chambre , un Cabinet, deux Garderobes , & un petit efcalier pour monter à une Entre-fole, fi
on le juge néceffaire.

REZ-DE-CHAUSSÉE

De la feptiéme Diftribution,

Planche 95.

On a fait cette diftribution pour un grand double de
cinquante & un pieds dans œuvre. On entre par le milieu
de la face fur la Cour, dans une Anti-chambre ; & de
celle-ci dans le Salon, aux deux côtés duquel font deux
Chambres à coucher, dans chacune defquelles on peut
placer deux lits.

Celle qui eft fur la droite a un Cabinet, un Serre-papiers, & deux Garderobes : Un petit efcalier qui eft à côté,
fert à monter à des Entre-foles.

La Chambre qui eft fur la gauche, a auffi un Cabinet ,
& deux Garderobes ; mais on pourra encore faire coucher
un Domeftique dans une Entre-fole , où l'on entrera par
le fecond palier du principal efcalier.

Cet efcalier a fon entrée par la face du pavillon , qui
flanque la gauche de la façade fur la Cour. Tout proche
eft une Sale de billard, qui communique à l'Anti-cham-

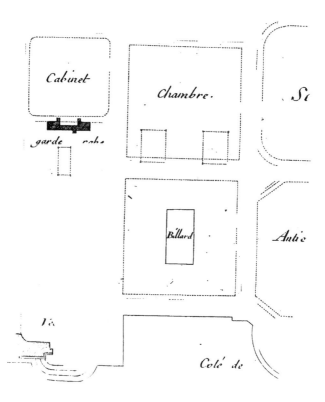

Rez de Chaussée
Cote du

Cabinet

Chambre.

Si

garde robe

Billard

Antic

Vi

Colé de

Distribution

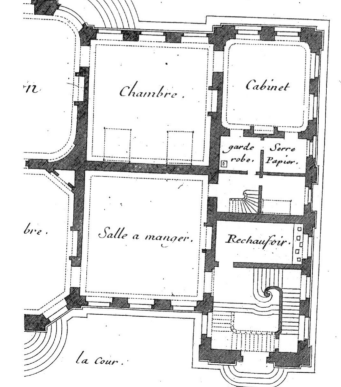

Jardin

Chambre.

Cabinet

garde robe.

Serre Papier.

Salle a manger.

Rechaufoir.

n

bre.

la Cour.

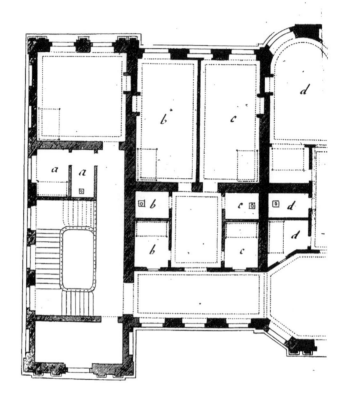

ᵉ Distribution

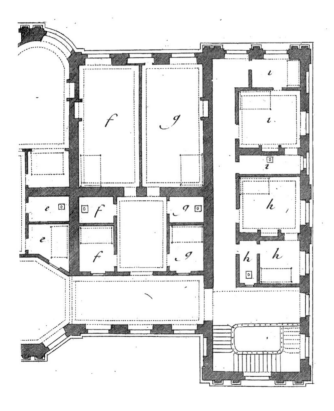

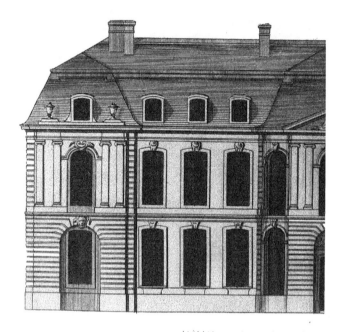

té de la Cour.

De la M Sc

bre, qui d'un autre côté donne entrée dans la Sale à manger, d'où l'on paſſe à un autre eſcalier conſtruit dans le
pavillon, qui fait ſymmétrie avec le précédent, & près
duquel on a placé un Rechauffoir pour l'uſage de la Sale à
manger.

PREMIER ETAGE

De la Septiéme Diſtribution.

Planche 96.

Cet étage eſt diſtribué en neuf Chambres de Maîtres:
Les trois *a, h. i.* ont chacune deux Garderobes : Les ſix *d.*
c. b. e. f, g. en ont autant, avec des Anti-chambres communes. L'eſcalier qui eſt ſur la droite de la face ſur la Cour,
monte à des Greniers.

ELEVATION

De la face ſur la Cour.

Planche 97.

Le pavillon du milieu de cette face, eſt réuni au Corps
de Logis par des parties en tour ronde. Sa face eſt décorée
d'une grande arcade feinte, dont les jambages ſont ornés
de refend. Dans cette arcade eſt percée une porte bombée, dont le chambranle eſt accompagné de montans, qui
s'amortiſſant au deſſus de ſa fermeture, ſoutiennent la
corniche qui la couronne, & ſur laquelle on a placé un
vaſe, aux côtés duquel ſont deux Génies.

Au premier étage, cette face eſt flanquée de pilaſtres
Ioniques accouplés : Sa croiſée, ainſi que celles des parties en tour ronde, eſt à balcon, & fermée en plein cintre,

avec impoftes & archivolte. Un fronton triangulaire ter-mine cette face.

On a retreffi les faces des avant-corps des extrêmités de cette élévation, afin de les faire mieux cadencer avec celle du milieu; & toutes trois ont une même décoration, à la referve que les pavillons angulaires n'ont point de fronton.

ELEVATION

De la face fur le Jardin.

Planche 98.

Le corps du pavillon du milieu, eft réuni au Corps de Logis, comme le précédent. Une porte fermée en plein cintre, & dont l'archivolte eft replié fur les jambages, eft percée dans fon milieu: Les arriere-corps de ces jambages, ainfi que les croifées des tours rondes, font ornés de refend au rez-de-chauffée.

Au premier étage, cette face eft flanquée de pilaftres Ioniques qui font accouplés: Le fronton qui la termine, eft cintré; & la corniche qui eft retournée, y donne de la légereté.

Chaque avant-corps des extrêmités de cette façade, eft orné au Rez-de-chauffée de deux arcades feintes; leurs jambages qui font avant-corps, font décorés de tables en faillie, & leurs arrière-corps le font de refend. On a percé une croifée dans chacune de ces arcades.

Des pilaftres Ioniques ornent le premier étage de ces avant-corps, & accompagnent deux croifées feintes, qui ont la même largeur & la même décoration que celles du pavillon du milieu, & dans lefquelles on en a percé d'au-tres.

Elevation du

té du Jardin

Coupe prise sur le Vestibule et le Peristile de la Planche 85

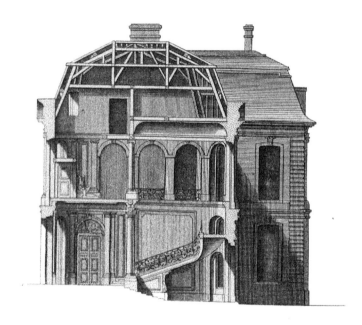

Coupe prise sur le Vestibule et le Salon de la Planche 89.

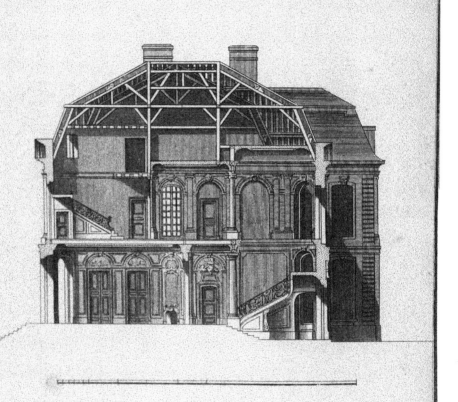

Coupe prise sur le Vestibule, le Peristyle et le Salon de la Planche 93.

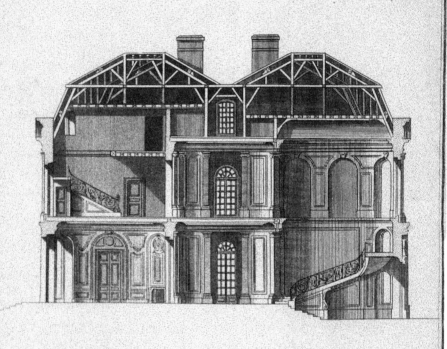

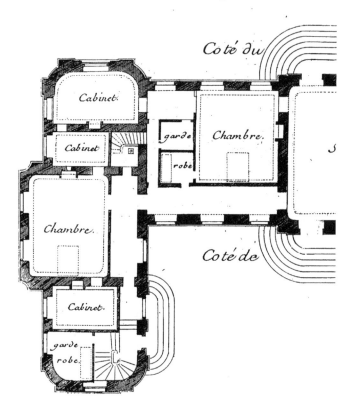

Coté du

Cabinet.

Cabinet

garde

robe

Chambre.

Chambre.

Coté de

Cabinet.

garde

robe

B me

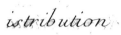

istribution

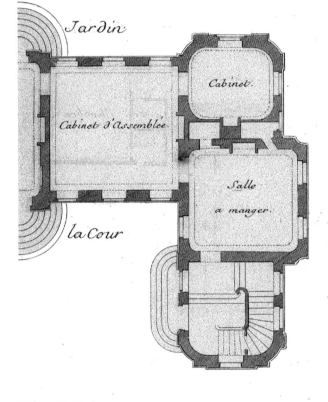

Jardin

Cabinet.

Cabinet d'Assemblée.

Salle

a manger.

la Cour

le toi

de la M. Sc.

COUPES

De la premiere forme d'un Bâtiment de vingt toises de face.

On en donne trois.

La premiere, tracée sur la Planche 99. est prise sur le Vestibule & sur le Peristyle de la deuxiéme distribution de cette forme, Planche 85.

La deuxiéme, qu'on voit à la Planche 100. est prise sur la quatriéme distribution, Planche 89.

Et la troisiéme, qui est à la Planche 101. est prise sur la sixiéme distribution, Planche 93.

CHAPITRE II.

De la seconde forme d'un Bâtiment de vingt toises de Face, où l'on trouve deux différentes Distributions, leurs Elévations sur la Cour & sur le Jardin, & leur Coupe.

REZ-DE-CHAUSSÉE

De la premiere Distribution.

Planche 102.

CE plan est simple, & de quatre toises de largeur dans œuvre. Sa principale entrée est par le Salon, qui occupe le milieu de ce Bâtiment. A la droite de cette piéce, on trouve le Cabinet d'assemblée, qu'éclairent trois croisées sur le Jardin & trois autres sur la Cour ; & l'on paſſe enſuite dans un autre Cabinet plus petit. Le Cabinet d'aſſemblée donne encore entrée dans la Sale à manger, qui a d'un côté deux petites Serres, & de l'autre, une porte qui s'ouvre ſur le grand eſcalier, auquel on monte par un perron ſitué dans le flanc intérieur d'une des aîles ſur la Cour.

A la gauche du Salon, eſt une Chambre à coucher, près de laquelle ſont deux Garderobes, & un paſſage qui conduit à un Cabinet ſuivi d'un autre plus petit. Derriére celui-ci, eſt un petit eſcalier, pour monter à une Entre-ſole, & dont l'entrée eſt dans un petit paſſage qui dégage cet appartement.

Par le même Salon, on entre dans un Corridor qui aboutit à un autre, qui eſt pratiqué dans l'aîle gauche, & ſert de paſſage à une Chambre, qui a pour ſon ſervice un Cabinet & deux Garderobes. Au bout de cette aile, eſt un petit eſcalier qui ſert de dégagement au premier étage, & monte au Grenier.

PREMIER ETAGE

De la premiere Diſtribution.

Planche 103.

Il eſt compoſé de douze Chambres de Maîtres. Les cinq marquées a. b. l. m. n. n'ont qu'une Garderobe chacune, Les deux c. i. ont chacune deux Garderobes : Celles d. e. g. h. ont deux Garderobes chacune & un réduit, & la Chambre marquée f. a deux Garderobes, un réduit, & un Cabinet.

REZ-

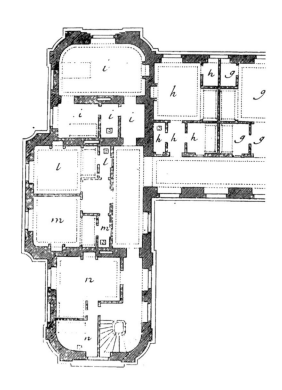

Distribution

Jardin

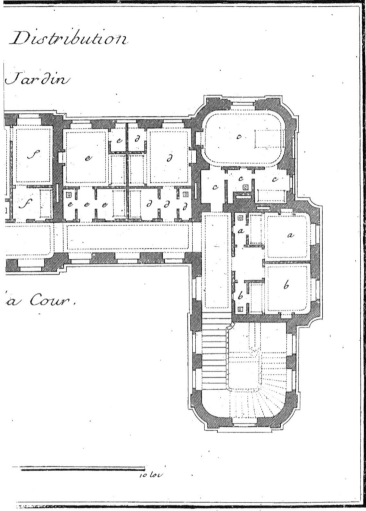

a Cour.

10 lov

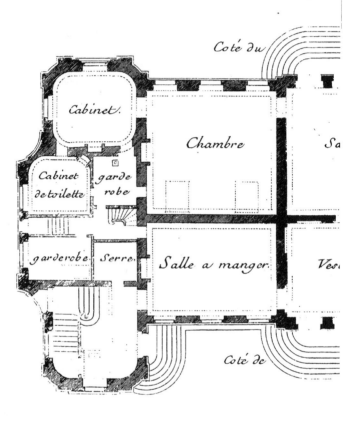

Coté du

Cabinet.

Chambre   Sa

Cabinet
de toilette   garde
                robe

garderobe   Serre.

Salle a manger.   Ves

Coté de

B inv.

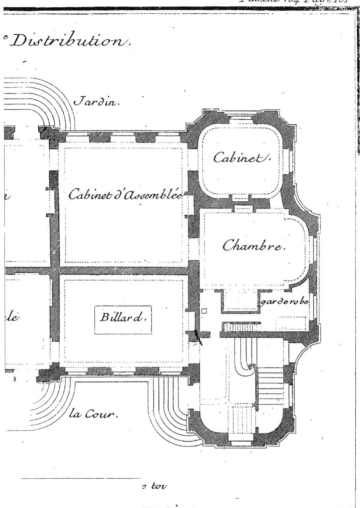

Distribution.

Jardin.

Cabinet.

Cabinet d'Assemblée

Chambre.

garderobe

Billard.

la Cour.

o toi

de la M Sc

Premier Etage

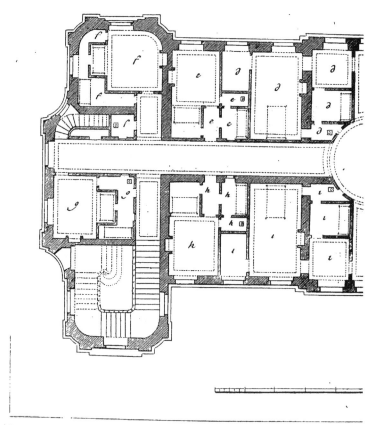

B nw

Distribution

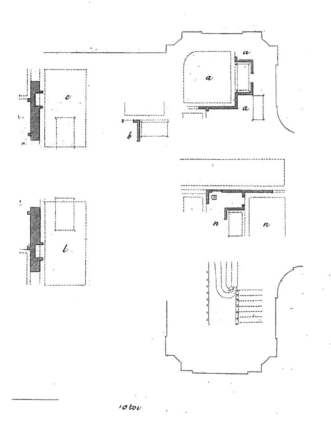

Rez-de-chaussée

De la seconde Diftribution.

Planche 104.

Un Bâtiment femi-double, de quarante-trois pieds de largeur dans œuvre, eft l'objet de cette diftribution. Sa principale entrée eft par le veftibule, qui fert d'Anti-chambre au Salon, à la droite duquel eft le Cabinet d'af-femblée, & plus loin un Cabinet & une Chambre à cou-cher, qui a de plus deux Garderobes, & un petit efcalier, pour monter à une Entre-fole.

On trouve à la gauche du Salon, une autre Chambre à coucher, dans laquelle on a placé deux lits : Elle a pour commodités un Cabinet pour écrire, un autre pour la toi-lette, deux Garderobes, & un petit efcalier pour monter à des Entre-foles conftruites au deffus de ces petites pié-ces : Le tout eft dégagé par un paffage, qui rend à une porte percée dans le pignon.

Du veftibule, on paffe auffi dans une Sale à manger, & à l'oppofite dans une Sale de Billard. Ces deux piéces conduifent à deux efcaliers principaux, dans lefquels on entre de la Cour par les flancs des Pavillons.

Premier Etage

De la feconde Diftritution.

Planche 105.

Le Corridor de cet étage, eft en Croix de Lorraine, & fon milieu eft éclairé par une lanterne & par les quatre croifées qui font ouvertes au bout des quatre principales branches de cette Croix. Il donne communication dans douze Chambres de Maîtres. Les quatre *c. d. i. l.* ont chacune une Anti-chambre, un Cabinet & deux Garderobes; & les huit autres Chambres ont deux Garderobes chacune.

ELEVATION

De la Face du côté de la Cour.

Planche 106.

Trois portes vitrées ouvrent le pavillon du milieu : leurs jambages qui font égaux en largeur, font refendus, ainfi que les arriere-corps de ce pavillon.

Les Chambranles des croifées du premier étage, font accompagnés de montans, qui s'amortiffant au deffus de leur fermeture, portent les petites corniches dont elles font couronnées.

Ce pavillon eft terminé par un fronton triangulaire, dont le tympan eft décoré de deux cartouches.

On a arrondi les angles des Pavillons qui flanquent cette élévation, pour donner à leurs faces une proportion plus élégante. Chacune de ces faces eft percée au Rez-de-chauffée, d'une croifée ornée de chambranles qu'accompagnent de larges montans, dont on a refendu les arriére-corps, & fur lefquels eft appuyée une corniche qui fait reffaut fur le plinthe.

Au deffus des arriére-corps, s'élévent des pilaftres de refend, qui fervent d'accompagnement à la croifée du premier étage. On a joint à fon chambranle de petits montans, qui portent une corniche furhauffée d'un petit couronnement.

Elevation

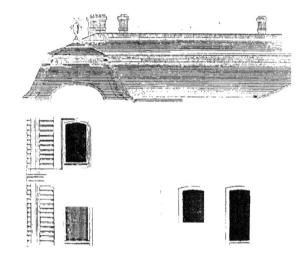

côté du Jardin

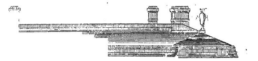

ELEVATION

De la Face du côté du Jardin.

Planche 107.

Le pavillon du milieu de cette face , eſt auſſi percé de trois portes vitrées , dont les archivoltes ſont retournés ſur leurs jambages. On a placé les croiſées du premier étage dans des renfoncemens , & l'on a décoré leurs trumeaux de tables en ſaillie. Pour donner plus de légereté à ce pavillon, on en a refendu les arriére-corps. Il eſt terminé par un fronton triangulaire.

Les angles des pavillons angulaires , ſont arrondis à cauſe des raiſons qu'on a dites à l'élévation ſur la Cour. Chacune de leurs faces eſt flanquée de pilaſtres de refend, qui portent un fronton en anſe de panier. La croiſée du Rez-de-chauſſée eſt percée dans une porte feinte : Cette porte eſt cintrée en anſe de panier ; & ſon archivolte qui eſt retourné ſur ſes jambages , ſe termine contre les montans du renfoncement dans lequel elle eſt placée.

La croiſée du premier étage , eſt auſſi dans un renfoncement. Au deſſus de la baguette qui marque l'architrave de l'entablement , eſt auſſi un renfoncement cintré des mêmes centres du fronton , & dans lequel eſt un vaſe garni de fleurs.

R ij

COUPE

De la deuxiéme forme d'un Bâtiment de vingt toifes de face.

Planche 108.

Cette Coupe eft prife fur le Salon de la premiere diftribution de cette forme, Planche 192.

CHAPITRE III.

De la troifiéme forme d'un Bâtiment de vingt toifes de face ; fur laquelle forme , on offre fix différentes Diftributions , leurs Elévations fur la Cour & fur le Jardin , & leur Coupe.

REZ-DE-CHAUSSÉE

De la premiere Diftribution,

Planche 109,

CETTE diftribution eft pour un Bâtiment fimple ; de vingt-quatre pieds de largeur dans œuvre. Son entrée du côté de la Cour, eft par la face de l'aile droite.

On a fuppofé ici que le niveau du Jardin, étoit élevé d'un pied au deffus de celui de la Cour ; & pour éviter de faire un perron de neuf marches, pour monter au plain-pied des appartemens du Rez-de-chauffée, on a diftribué ces neuf marches en trois parties ; fçavoir, deux pour entrer dans le veftibule, deux autres pour paffer dans la çage

Coupe prise sur le Salon de la Planche 102.

de la m Sc

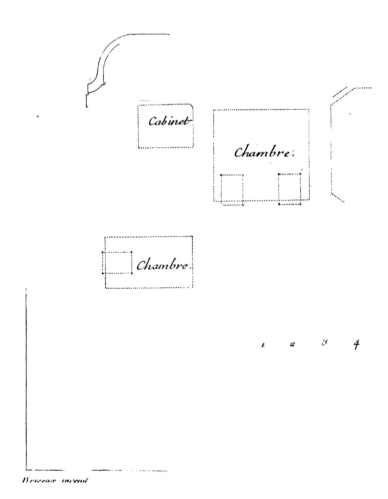

Plan du Rez de Chaussée 1ᵉʳ

Cabinet

Chambre

Chambre

1 2 3 4

Berceaux incent

tribution   pour 20. toises de face

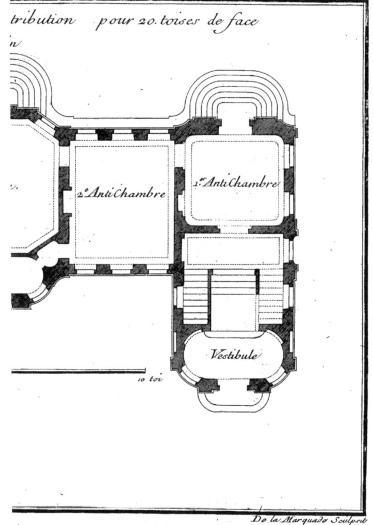

2.e AntiChambre

1.re AntiChambre

Vestibule

10 toi

De la Marquade Sculpsit

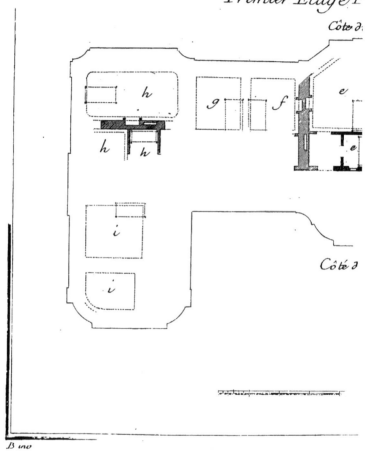

Premier Etage 1.

Côté d.

g   *f*   *e*

h

h   *h*

e

i

Côté d.

i

B inv.

Distribution

Jardin

d

c   b   a

d   c   b   a   a   a

Cour.

10 toi

de l'efcalier, & cinq pour arriver fur fon premier palier, qui contient toute la largeur de cette cage ; & qui eft au niveau des appartemens.

La premiere piéce qui fe préfente enfuite, c'eft une Anti-chambre qui a une fortie par le Jardin : Elle donne entrée dans une feconde Anti-chambre , & celle-ci dans le Salon, au bout duquel eft une Chambre à coucher , où l'on peut placer deux lits : on a accompagné cette Chambre d'un Cabinet, d'un Arriére-Cabinet , & d'une Garderobe , qui a une iffuè par un Corridor , dans lequel eft un efcalier de dégagement , d'où l'on fort par une porte pratiquée dans le pignon. Cet efcalier monte à des entre-foles, au premier étage, & aux Greniers.

Par le même Corridor, on entre dans une feconde Chambre à coucher, qui a un Cabinet, un Serre-papiers, & deux Garderobes, placées à côté du petit efcalier.

La feconde Anti-chambre & le Salon , ont chacun une porte fur ce Corridor. Si l'on vouloit fupprimer celle de l'Anti-chambre, la partie qui eft dans l'avance du pavillon, pourroit fervir de Cabinet à écrire; ou l'on pourroit en agrandir le Salon , afin de le faire profiter des vûes fur la Cour.

Premier Etage

De la premiere Diftribution,

Planche 110,

Un Corridor qui régne du côté de la Cour dans toute la longueur de ce Bâtiment , fert de paffage à neuf Chambres de Maîtres.

La Chambre *a.* jouït d'une Antichambre, d'un Cabinet, & de deux Garderobes : La Chambre *h.* a deux Garderobes: Celle marquée *i.* a une Anti-chambre, deux Garde-robes, & un Cabinet : Toutes les autres ont une Gardero-be chacune, & un quarré qui leur sert d'Anti-chambre.

Rez-de-chaussée

De la seconde Distribution.

Planche III.

Cette distribution est pour un semi-double, de vingt-quatre pieds dans œuvre, comme la précédente. Son entrée principale du côté de la Cour, est dans le flanc intérieur de l'aile droite; & c'est par deux portes qu'on passe dans la cage de l'escalier, qui sert de vestibule, & qui introduit dans une Anti-chambre, qui précéde une Chambre à coucher, accompagnée d'un Cabinet, & d'une Garderobe. Cette Chambre a encore une Entre-sole, où l'on monte du premier palier du grand escalier par une petite rampe.

L'Anti-chambre ci-dessus, communique aussi au Salon, & celui-ci à une autre Chambre à coucher, où l'on a placé deux lits, & au service de laquelle on a destiné un Cabinet, un Arriére-cabinet, une Garderobe, & un petit escalier, pour monter à une Entre-sole, propre à coucher un Domestique.

L'entrée de cet escalier est dans un Corridor, qui a une sortie par le pignon, & par lequel on sert de la Cuisine & de l'Office dans l'Anti-chambre, qui tiendra lieu de Sale à manger.

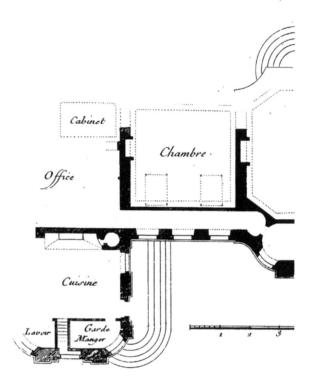

le Chaussée

ution

de face.

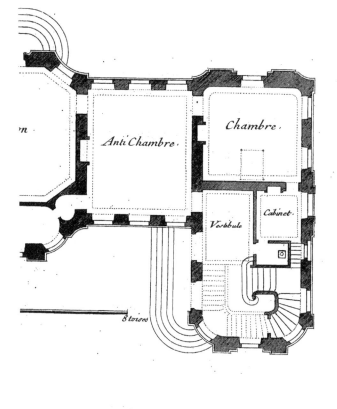

Anti Chambre.

Chambre.

Vestibule

Cabinet.

8 toises

De la Marquade Sculpsit

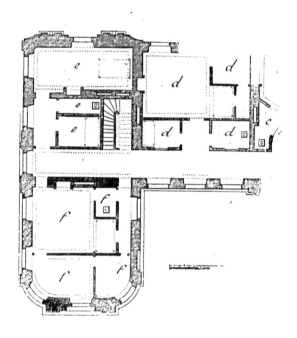

Distribution

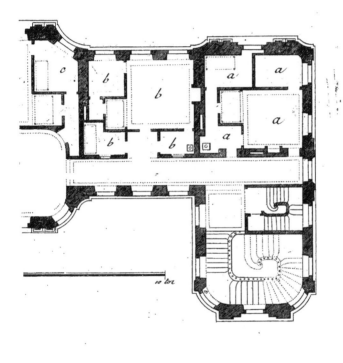

10 toi

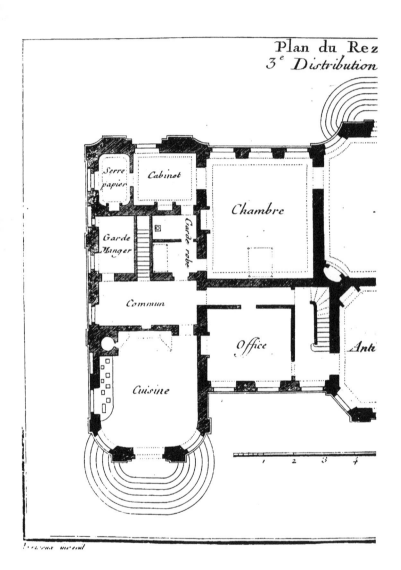

Serre
papier

Cabinet

Chambre

Garde
Manger

Garde robe

Commun

Office

Anti

Cuisine

1   2   3   4

:aussee
20^t de face

Chambre

Premiere
Anti Chambre

Vestibute

10 toi

De a.Marquade Sculpost

PREMIER ETAGE

De la seconde Distribution.

Planche 112.

Il contient six Chambres de Maîtres : Les quatre marquées *a. b. d. f.* ont chacune un Cabinet , & deux Garderobes : Les deux autres *c. e.* n'ont que deux Garderobes chacune.

On a placé un petit escalier à côté du grand : Il sert à monter aux Chambres de la Mansarde. Un deuxiéme petit Escalier est construit à l'extrêmité opposée pour le même usage ; mais celui-ci monte dès le rez-de-chaussée , pour dégager ce premier étage.

REZ-DE-CHAUSSE'E

De la troisiéme Distribution.

Planche 113.

On trouve ici la distribution d'un Bâtiment de quarante-trois pieds de largeur dans œuvre. Il a son entrée principale du côté de la Cour, par la face d'un des pavillons angulaires, & l'on monte dans le vestibule par un perron de sept marches. Le grand vestibule s'y présente en face, & à côté est une premiere Anti-chambre , suivie d'une seconde, qui est destinée pour manger. Cette derniere piéce s'ouvre dans le Salon , aux deux côtés duquel sont deux Chambres à coucher, qui ont chacune un Cabinet, un Serre-papiers, & deux Garderobes.

La Cuisine est renfermée dans un des pavillons des extrêmités de la face sur la Cour, & on y entre par la face de ce pavillon. Au bout de cette Cuisine , est un Commun qui a une sortie par le pignon , & qui communique au Garde-manger, à un petit escalier , aux Garderobes d'un des appartemens à coucher dont on a parlé, & à un passage qui conduit à la seconde Anti-chambre , & à côté duquel se trouvent l'Office, & un escalier qui monte à des Entresoles, dont on peut faire un second Office , & qui peuvent servir à coucher les Officiers. Cet escalier monte aussi au premier étage , & aux Greniers.

PREMIER ETAGE

De la troisiéme Distribution.

Planche 114.

Deux Corridors qui se croisent, donnent entrée dans onze Chambres de Maîtres : Les deux *m. g.* ont une petite Anti-chambre, un Cabinet & deux Garderobes chacune : Sept autres Chambres n'ont chacune que ces deux derniéres piéces ; & les deux marquées *a. n.* ont un petit réduit de plus.

REZ-DE-CHAUSSE'E

De la quatriéme Distribution.

Planche 115.

On a donné à cette distribution ; comme à la précédente, quarante-trois pieds de largeur dans œuvre, & l'on a placé sa principale entrée dans la face d'un des pavillons

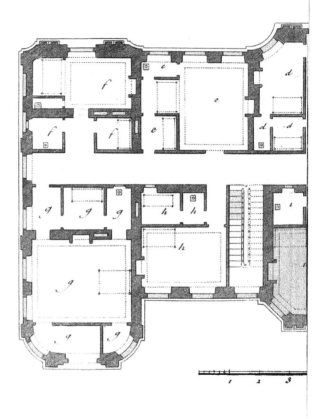

Distribution

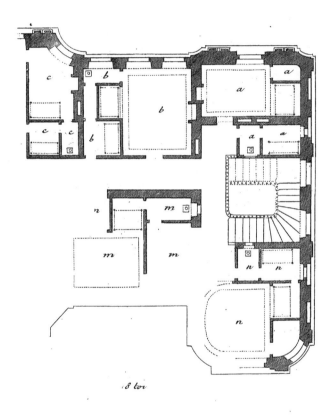

.8 toi

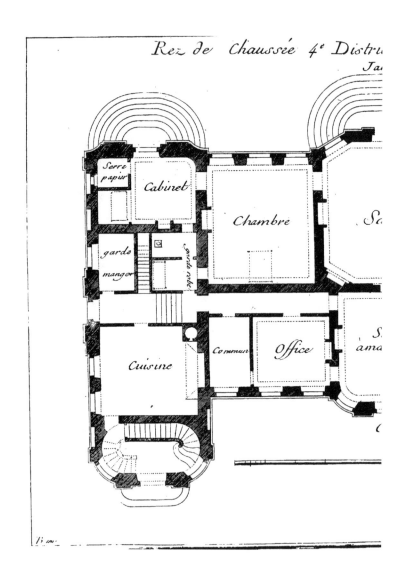

Serre
papier

Cabinet

Chambre

S

garde
mangor

garde robe

Cuisine

Commun

Office

S
ama

C

pour 20.ᵗ de face.

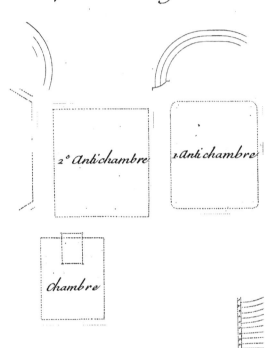

2.° Antichambre

1. Antichambre

chambre

10 tou

de la 112 Sc

lons qui flanquent la façade sur la Cour. De cette Cour, on monte par deux marches au vestibule, par deux autres au plain-pied de l'escalier, & par cinq au grand palier en forme de peristyle, dont le niveau est celui des appartemens du Rez-de-chaussée. Vis-à-vis de ce peristyle, est une premiere Anti-chambre, par l'un des côtés de laquelle on passe dans une autre; & d'enfilade dans le Salon, & dans une Chambre à coucher, à laquelle appartiennent un Cabinet voisin, un Serre-papiers, & deux Garderobes.

On entre du Salon dans la Sale à manger, qui est renfermée dans le pavillon du milieu de la face sur la Cour. De cette Sale, on passe dans une seconde Chambre à coucher, qui a un Cabinet, une Garderobe, & un petit escalier, par lequel on monte à une Entre-sole propre à coucher un Domestique. Cet escalier est dégagé par le peristyle.

La Sale à manger communique encore à un petit Office, qui lui sert d'Anti-sale, & à un Corridor qui donne passage dans un Commun, & qui moyennant six marches que l'on descend, conduit à la Cuisine, dont l'entrée principale est par un petit vestibule, dans lequel on a placé un escalier de dégagement, qui monte de fond dans les Greniers. On entre dans ce vestibule par la face d'un des pavillons qui flanquent la façade sur la Cour.

Au dessus de la Cuisine, est une Entre-sole destinée pour l'Office : On y monte par l'escalier dont on vient de parler, & par celui dont l'entrée est dans le Corridor, qui a une sortie par une porte percée dans le pignon.

Premier Etage

De la quatriéme Diſtribution.

Planche 116.

Cet étage contient huit Chambres de Maîtres. Celle qui eſt marquée *a.* eſt accompagnée d'une Anti-chambre, de deux Garderobes & d'un petit réduit : Les trois *b. d. e,* ont chacune trois Garderobes, & un Cabinet : La Chambre *f.* a une Anti-chambre, & deux Garderobes ; & les autres ont deux Garderobes ſeulement. On a placé à cet étage une Sale de Billard.

Rez-de-chauſſée

De la cinquiéme Diſtribution.

Planche 117.

C'eſt encore pour un Bâtiment de quarante-trois pieds de largeur dans œuvre, qu'on a fait cette diſtribution. Le veſtibule eſt renfermé dans un des pavillons des extrêmités ; & en y entrant, on trouve en face le principal eſcalier.

On paſſe du veſtibule dans une premiere Anti-chambre éclairée ſur la Cour, & deſtinée à y manger : Elle perce dans une ſeconde Anti-chambre, qui tire ſa lumiére du Jardin, & à la droite de laquelle eſt un Cabinet, où le Maître pourra recevoir ſa compagnie, quand elle ſera de peu de perſonnes.

A la gauche de cette même piéce, eſt le Salon, & en enfilade une Chambre à coucher, un Cabinet & un Serre-

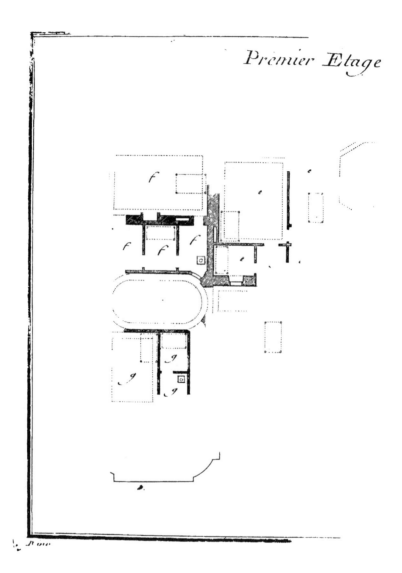

Premier Etage

Distribution

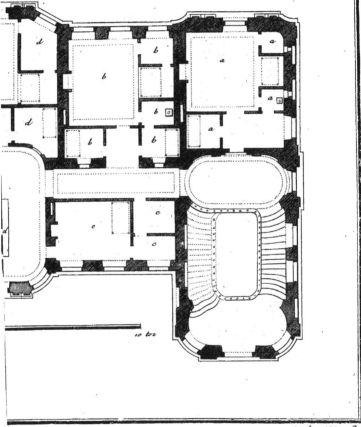

10 tou

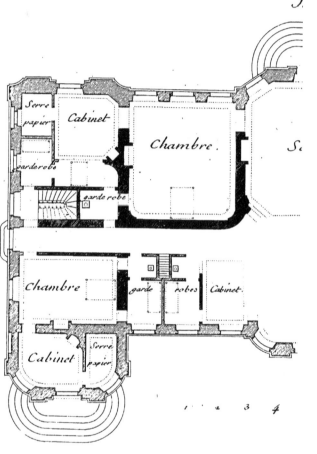

Serre papier

Cabinet

garderobe

Chambre

garderobe

Chambre

garde robes

Cabinet

Cabinet

Serre papier

1　2　3　4

on   pour 20ᵗ de face.

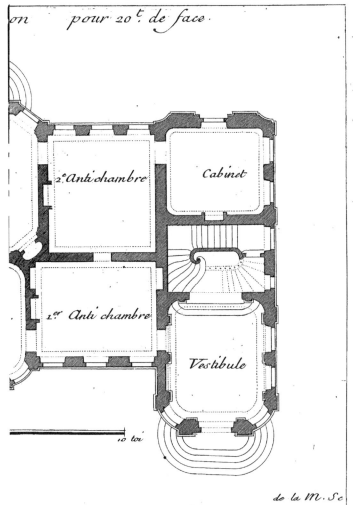

2ᵉ Anti chambre

Cabinet

1ᵉʳ Anti chambre

Vestibule

,0 toi

de la M. Sᶜ

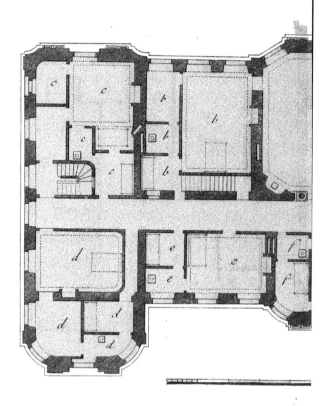

B ue

Distribution

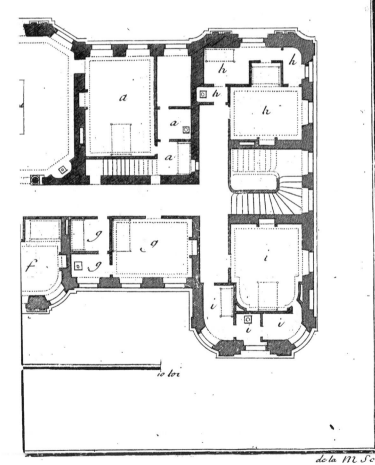

10 toi

papiers, derriére lefquels font deux Garderobes, & un petit efcalier qui fert pour des Entre-foles, & qui a fon entrée par un Corridor, qui conduit du Salon à une porte
percée dans le pignon. Ce Corridor donne auffi paffage
dans une Chambre à coucher, à laquelle on a joint un
Cabinet, un Serre-papiers, & deux Garderobes, joignant
lefquelles eft une rampe d'efcalier qui monte à des Entre-
foles.

De la premiere Anti-chambre, on entre encore dans
une troifiéme Chambre à coucher, qui a un Cabinet, &
deux Garderobes dégagées par le Corridor.

PREMIER ETAGE

De la cinquiéme Diftribution.

Planche 118.

Une Sale de Billard fert d'Anti-chambre commune aux
deux appartemens *a. b.* qui ont chacun une Chambre, un
Cabinet, & deux Garderobes. Derriére ces Chambres, on
a pratiqué des rampes d'efcalier, qui ferviront à monter à
des Entre-foles, qu'on conftruira fur les Garderobes de
ces appartemens, en cas qu'on les juge néceffaires.

Le refte de cet étage contient fept autres Chambres de
Maîtres. Celle marquée *c.* a une Anti-chambre, un Cabinet & deux Garderobes : Celle *d.* a un Cabinet & deux
Garderobes : Les Chambres *i. h.* ont ces deux derniéres
piéces & un réduit ; & les trois autres *e. f. g.* n'ont que
deux Garderobes chacune.

Le petit efcalier de dégagement, qui eft à la gauche,
& à l'un des bouts du Corridor, monte de fond, & conduit
dans les Greniers.

Rez-de-chaussée

De la sixiéme Distribution,

Planche 119.

On présente ici le plan d'un grand double de neuf toises de largeur dans œuvre, & l'on suppose que le niveau du Jardin est élevé d'un pied & demi plus que celui de la Cour.

Son entrée principale est par la face d'un des pavillons qui terminent cette façade; & de la Cour on monte trois marches pour arriver au plain-pied du vestibule, dans lequel on a placé le grand escalier. Six autres marches conduisent de ce vestibule à un petit Salon, qui est au niveau des appartemens du Rez-de-chaussée, & qui fait partie d'un large Corridor qui coupe en deux cette distribution: Aux deux bouts de ce Corridor, sont des portes vitrées par lesquelles on sort dans les Jardins, & il sert à dégager tous les appartemens. Il peut servir aussi à se promener pendant la grande ardeur du Soleil.

On passe du petit Salon ci-dessus, dans une premiere Anti-chambre, à côté de laquelle en est une seconde, qui servira de Cabinet d'assemblée dans les Saisons froides: Une de ses portes donne dans le Salon, & dans la même enfilade on trouve une Chambre à deux lits, un Cabinet; & un Serre-papiers: A côté de ces deux derniéres piéces, sont deux Garderobes, & un escalier de dégagement qui monte de fond.

On traverse le Corridor, pour passer du Salon dans la Sale à manger, à la droite de laquelle est un Rechauffoir, un Office, & une rampe pour monter aux Entre-soles qui sont sur ces deux piéces. A la gauche de cette Sale, se pré-

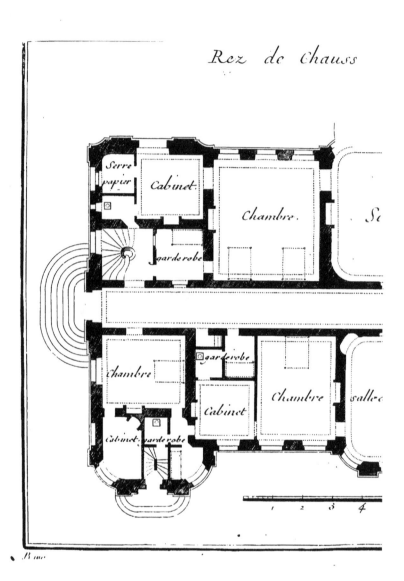

Serre
papier

Cabinet

Chambre.

Se

garderobe

garderobe

Chambre

Cabinet

Chambre

salle

Cabinet garderobe

1 2 3 4

B me

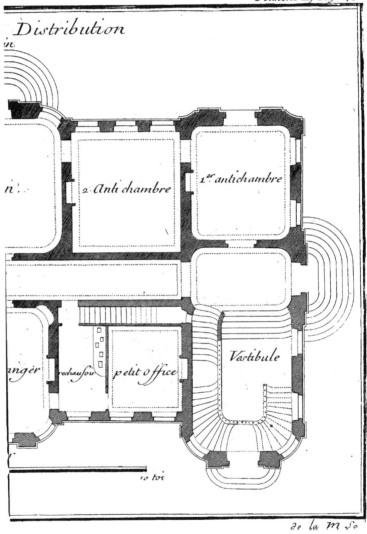

Distribution

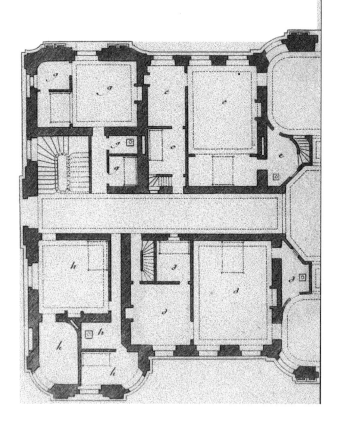

Distribution

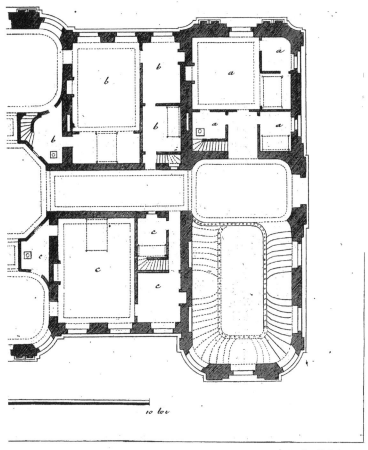

10 toi

Elevation du

é de la Cour

10.° toi

de la m.f.c

fente une Chambre à coucher, qui a un Cabinet & des Garderobes, derriére lefquelles un petit efcalier fert à monter à des Entre-foles : Son entrée eft par le Corridor, qui fert de paffage à une troifiéme Chambre à coucher, qui a deux Garderobes, & un Cabinet qui communique à la Chambre précédente. Tout joignant, eft un petit efca-lier, qui a fon entrée par la Cour, & qui monte à une En-tre-fole.

PREMIER ETAGE

De la fixiéme Diftribution.

Planche 120.

Les deux Chambres marquées *c. d.* ont une Anti-cham-bre commune, & chacune un Cabinet, deux Garderobes, & un petit efcalier pour monter à une Entre-fole, fi on en a befoin.

Deux autres Chambres *b. e.* ont auffi une Anti-chambre commune, & les mêmes commodités que les précédentes. Les trois autres *a. g. h.* ont chacune un Cabinet, & deux Garderobes.

L'efcalier qui eft à gauche, à l'un des bouts du Corridor, monte du Rez-de-chauffée dans les Greniers.

ELEVATION

De la face fur la Cour.

Planche 121.

Le pavillon du milieu, & ceux des extrêmités de cette élévation, font réunis au Corps de Logis par des parties convexes; ce qu'on a pratiqué pour donner plus de légé-reté à ce Bâtiment.

La face de celui du milieu, eſt décorée au Rez-de-
chauſſée, d'une arcade feinte, dont les jambages ſont refendus : Les refends ſe terminent contre le bandeau de
cette arcade, dans laquelle on a percé une croiſée.

Les jambages de cette arcade, ſervent d'embaſement aux
pilaſtres Ioniques, & accouplés du premier étage, qui font
reſſaut ſous le plafond de la corniche.

La croiſée de ce même étage, eſt à balcon, & ornée
d'archivolte & d'impoſtes : Ce pavillon eſt terminé par une
baluſtrade; & ſur les piédeſtaux on a mis des vaſes.

Les faces des pavillons des extrêmités, ſont flanquées
de pilaſtres de refend : Leurs portes ſont en plein cintre &
ornées d'impoſtes & d'archivoltes. Les croiſées qui ſont
au deſſus de ces parties, ſont auſſi fermées en plein cintre,
& leurs archivoltes ſont retournés ſur les alettes : Enfin ces
faces ſont couronnées de frontons triangulaires.

ELEVATION

De la face ſur le Jardin.

Planche 122.

Pour dégager cette façade, on a donné une forme
concave aux angles de ſes trois pavillons, & on a refendu
ces parties, afin de faire mieux diſtinguer les faces de ces
pavillons.

Celle du pavillon du milieu, eſt percée d'une porte en
anſe de panier, dont le chambranle eſt accompagné de
montans qui ſoutiennent la corniche, dont elle eſt couronnée. Les arriére-corps qui ſont refendus, ſervent d'em-
baſemens aux pilaſtres Ioniques qui flanquent cette face
au premier étage : Elle eſt terminée par un fronton cintré,

Elevation du

B ue

dù Jardin

de la 1

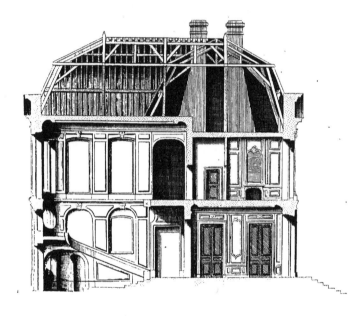

& le retour de l'entablement lui donne de l'agrément &
de la légéreté.

A chaque face des pavillons des extrêmités, la croisée
du Rez-de-chauffée eſt percée dans une porte feinte, aux
deux côtés du chambranle de laquelle ſont des montans,
qui s'amortiſſant par le haut, vont ſe terminer ſous la face
du plinthe. Cette porte eſt flanquée de piédeſtaux , ſur
leſquels s'élèvent au premier étage des pilaſtres accouplés
& du même ordre que les précédens. Le tout eſt couronné
d'un fronton triangulaire , & la corniche eſt retournée
comme ci-deſſus,

C O U P E

De la troiſiéme Forme d'un Bâtiment de vingt toiſes
de face,

Planche 123.

Elle eſt priſe ſur l'Eſcalier & ſur la premiere Anti-
chambre de la premiere diſtribution de cette forme, Planche 109,

CHAPITRE IV.

De la quatriéme forme d'un Bâtiment de vingt toifes de face, où font contenues cinq différentes Diftributions, leurs Éléva-tions fur la Cour & fur le Jardin, & leur Coupe.

R e z-d e-c h a u s s e'e

De la premiere Diftribution.

Planche 124.

CEtte diftribution eft pour un Bâtiment fimple, de vingt-quatre pieds de largeur dans œuvre.

Le Salon eft ouvert de fix portes croifées, fçavoir, de trois fur la Cour, & de trois autres fur le Jardin.

On y entre par les deux faces, en montant des Perrons de fept marches. Ces fortes de piéces font ordinairement habitées pendant l'Efté; au lieu que le Cabinet d'affemblée, qui eft plus renfermé, eft plus propre à être fréquenté dans la Saifon de l'Hyver.

On a placé cette derniere piéce à la gauche du Salon; & on l'a éclairée de deux croifées du côté du Jardin, & de de deux autres du côté de la Cour.

Joignant le Cabinet d'affemblée, eft une Chambre à coucher, enfuite de laquelle eft un Cabinet, où l'on a mis un lit de repos dans une niche : Il a un Serre-papiers, & plus loin on trouve une Garderobe pour un Domeftique. Derriére ce même Cabinet, eft une autre Garderobe, où l'on mettra une chaife percée. Ces piéces ont une fortie

par

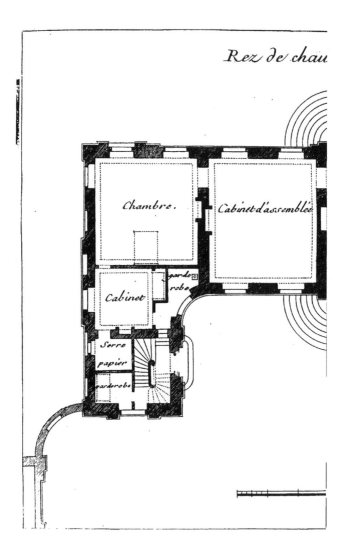

Distribution

m .

Salle a manger.

Cabinet

Petit
Office

Vestibule

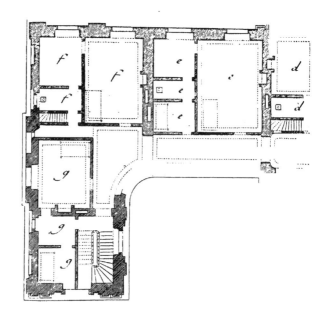

Distribution

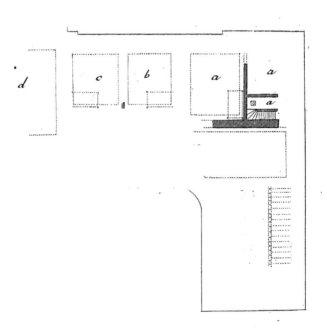

10 toi

de la m s c

par l'efcalier de dégagement, dans lequel on entre par le flanc intérieur de l'aile gauche qui les contient.

A la droite du Salon, eft une Sale à manger, d'où l'on entre dans un Cabinet à l'ufage du Maître de la Maifon, & près duquel eft un petit Office qui donne dans le veftibule. Cette derniére piéce renferme le grand efcalier, & a fon entrée par le flanc extérieur de l'aile droite.

Si l'on vouloit faire la principale entrée de ce Bâtiment par le veftibule, on fupprimeroit le perron, qui du milieu de la Cour donne dans le Salon.

A côté de l'aile où l'on a conftruit le principal efcalier, fe trouve un Corridor, par lequel on peut fervir de la Cuifine à couvert.

PREMIER ETAGE

De la premiere Diftribution.

Planche 125.

Il contient fept Chambres de Maîtres. Les trois marquées *a. d. f.* ont chacune un Cabinet, une Garderobe, & un petit efcalier pour monter à des Entre-foles qui fervent à coucher des Domeftiques : Les deux *b. c.* ont chacune une Garderobe, & un petit efcalier, dont l'ufage eft pareil à celui des précédens : La Chambre *e.* a un Cabinet & deux Garderobes, & celle *g.* a deux Garderobes, à côté defquelles eft un efcalier, qui monte de fond dans les Greniers.

Rez-de-Chaussée

De la seconde Distribution.

Planche 126.

On a fait cette distribution pour un Bâtiment de trente-neuf pieds de largeur dans œuvre. C'est au milieu de la face sur la Cour, que se présente son entrée principale. On a placé le grand escalier dans un des côtés du vestibule, d'où l'on passe dans le Salon, qui s'ouvre à la gauche dans un Cabinet d'assemblée.

Ce Cabinet donne entrée en deux Chambres à coucher : L'une est éclairée sur le Jardin, & l'autre sur la Cour : Un Cabinet & deux Garderobes appartiennent à la premiere ; & le petit escalier qui joint le Cabinet, est destiné pour monter à une Entre-sole particuliére, où l'on suppose qu'une femme de Chambre pourra coucher. L'autre esca-lier de dégagement, qui est à l'extrêmité de cette aile, & qui monte de fond dans les Greniers, conduit à une autre Entre-sole propre à coucher des Laquais.

La seconde Chambre à coucher, qui tire sa lumière de la Cour, a deux Garderobes, qui ont le même dégagement que les précédentes, & un Cabinet qui a une entrée par le vestibule, laquelle a été pratiquée pour la commodité de la personne qui occupera cet appartement.

A la droite du Salon ci-dessus, est placée la Sale à man-ger, & plus loin un petit Office, au bout duquel est un escalier, pour monter à une Entre-sole, qui doit servir de principal Office, & à laquelle on peut encore arriver par l'escalier de dégagement qui est au devant du Commun, & dont la cage sert de principale entrée à la Cuisine. Cette Cuisine a pour commodités un Garde-manger & un La-

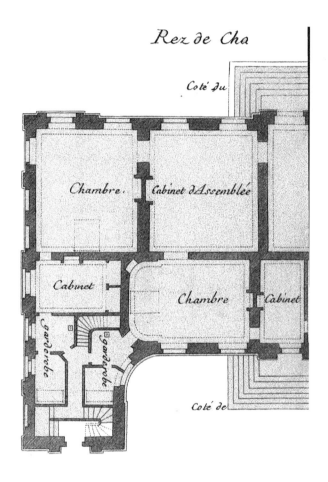

Coté du

Chambre. Cabinet d'Assemblée

Cabinet

Chambre Cabinet

garderobe

garderobe

Coté de

B inv

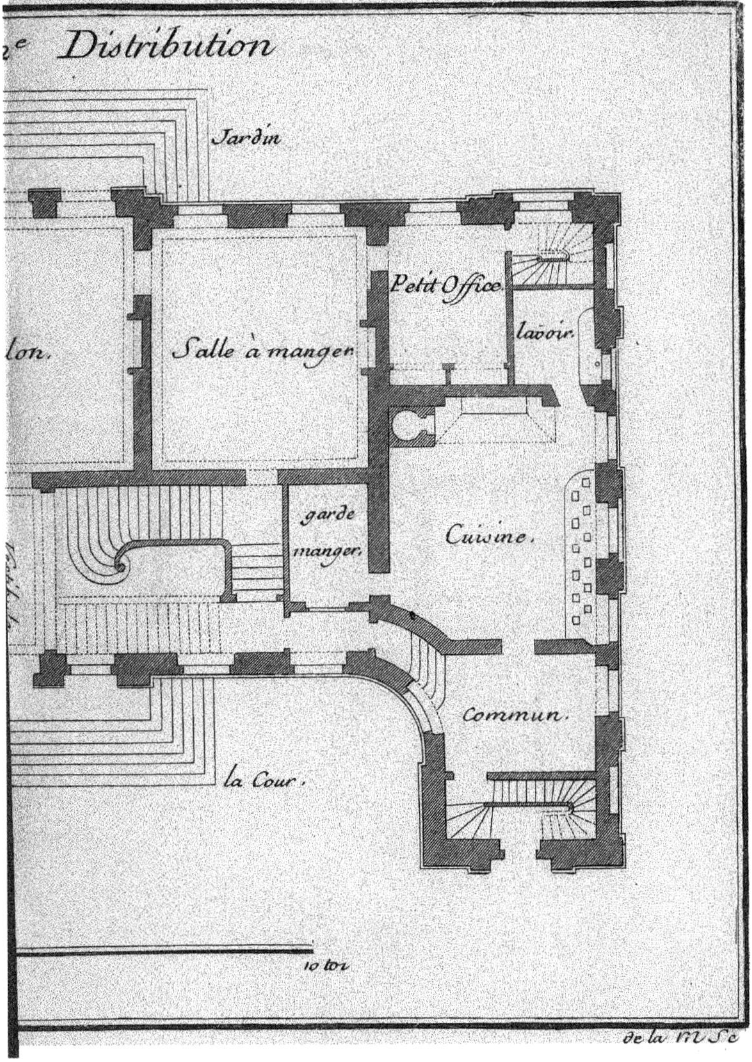

2e *Distribution*

Jardin

lon.

Salle à manger

Petit Office

lavoir

garde manger

Cuisine.

Commun.

la Cour.

10 tot

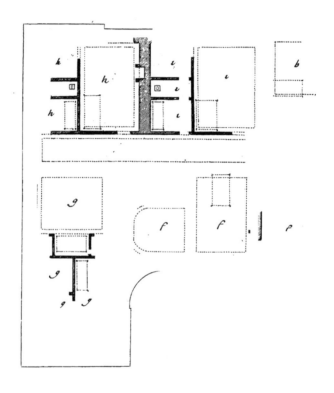

Distribution

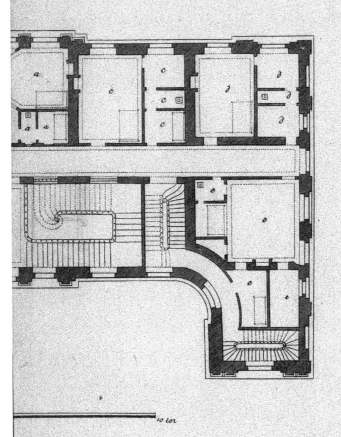

10 toi

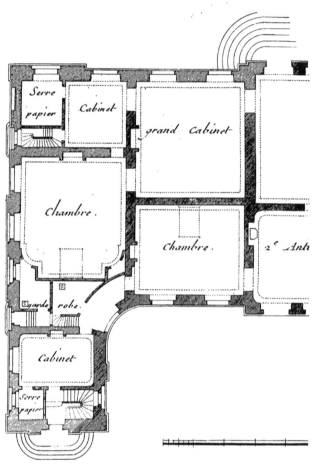

Rez de chau

Serre papier

Cabinet

grand Cabinet

Chambre.

Chambre.

2ᵉ Ant

garde robe.

Cabinet

Serre papier

Distribution

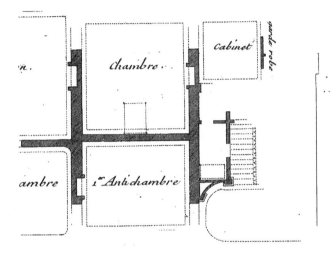

chambre

Cabinet

garde robe

n.

1er Antichambre

ambre

Vestibule

lou

de la mise

voir, outre le Commun qui la précéde, & dans lequel on monte cinq marches, pour parvenir à un Corridor par où l'on sert dans la Sale à manger, en passant par dessous la seconde rampe du grand escalier, auquel il conduit.

Premier Etage

De la seconde Distribution.

Planche 127.

Il contient neuf Chambres de Maîtres. Celle marquée *f.* a une Anti-chambre, un Cabinet, un Serre-papiers & deux Garderobes : Les six *c. d. e. h. i. g.* ont chacune deux Garderobes, & un Cabinet ; & les deux *a. b.* n'ont que deux Garderobes.

On a construit le petit escalier, qui a son entrée par le Corridor, pour l'usage des Maîtres, en cas que l'on fît pour eux des Chambres dans la Mansarde. On pourra le retrancher, si les deux escaliers de dégagement placés près des faces des ailes de la Cour, paroissent suffire.

Rez-de-chaussée

De la troisième Distribution.

Planche 128.

Cette distribution est, comme la précédente, pour un Bâtiment de trente-neuf pieds de largeur dans œuvre. C'est à la face d'une des ailes de la façade sur la Cour, qu'on en voit la principale entrée. Le vestibule occupe toute la saillie de cette aile, & on y monte par un perron de quatre marches. Au fond de cette même piéce, trois autres marches mènent à un fecond veftibule, qui eft au niveau des appartemens, & au bout duquel le principal efcalier fe préfente en face de la porte d'entrée.

De ce dernier veftibule, on paffe dans une premiere Anti-chambre éclairée fur la Cour, & en enfilade dans une feconde Anti-chambre, & dans une Chambre à coucher, qui a un paffage qui conduit à un Cabinet, près duquel eft un Serre-papiers, & un efcalier de dégagement, qui a fon entrée par la face de l'aile. A côté de ce paffage, eft une Garderobe, & un petit efcalier qui monte à une Entre-fole, & qui a une entrée par le pignon.

De la feconde Anti-chambre ci-deffus, on entre dans le Salon placé au milieu de la façade fur le Jardin, & à la gauche duquel eft un Cabinet d'affemblée, qui s'ouvre dans une Chambre à coucher, & dans un Cabinet qui en dépend. Près de ce Cabinet, eft un Serre-papiers, & un petit efcalier dégagé par le pignon, & fervant à monter à une Entre-fole, & au premier étage. La même Chambre a une Garderobe, qui a fa fortie par un autre petit efcalier, dont on a parlé.

A la droite du Salon, on rencontre une troifiéme Chambre à coucher, qui a un Cabinet, & trois Garderobes.

PREMIER ETAGE

De la troifiéme Diftribution,

Planche 129.

Cet étage contient neuf Chambres de Maîtres. Celle marquée *a.* a deux Garderobes, de l'une defquelles on peut faire un Cabinet, fi l'on veut conftruire fur ces piéces une Entre-fole, qui fervira de Garderobe, & à laquelle on

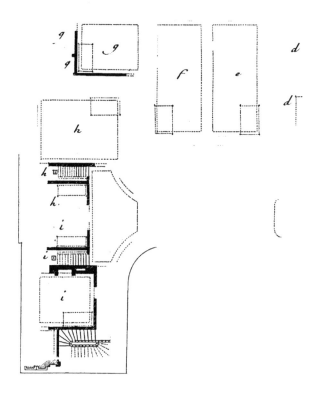

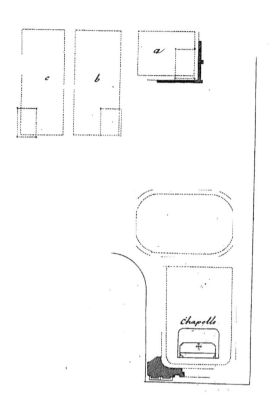

Chapelle

toi

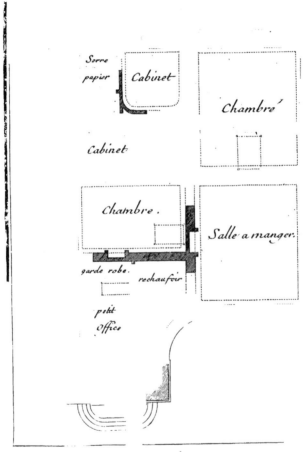

Serre
papier   Cabinet

Chambré

Cabinet

Chambre.

Salle a manger.

garde robe.

rechaufoir

petit
Office

B ino

Distribution

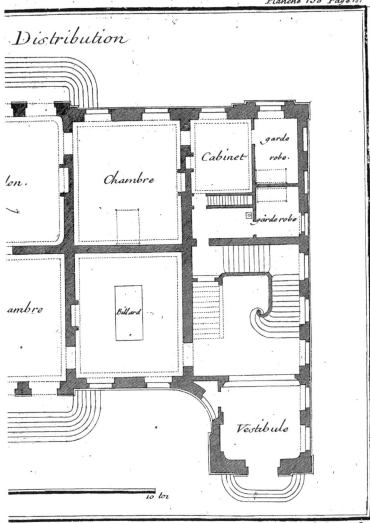

garde robe.

Cabinet

Chambre

lon.

garde robe

ambre

Billard

Vestibule

10 toi

montera par le petit efcalier, qu'on a marqué dans cet endroit.

Les deux Chambres *b. c.* ont une Anti-chambre commune, & chacune deux Garderobes : Celle *d.* a une petite Anti-chambre, un Cabinet & deux Garderobes. Les deux Chambres *e, f.* ont une Anti-chambre commune, & une Garderobe chacune, & de petits efcaliers pour monter à des Entre-foles, où pourront coucher des Laquais : Les trois autres ont chacune deux Garderobes.

On a placé une Chapelle dans la faillie du pavillon à main droite.

R E Z-D E-C H A U S S E'E

De la quatriéme Diftribution.

Planche 130.

C'eft un grand double, de quarante-neuf pieds de largeur dans œuvre. On y entre de la Cour par le milieu de la façade, en montant un perron de fept marches, du haut duquel on apperçoit d'abord une Anti-chambre percée de ce même côté de trois portes vitrées. A la droite de cette piéce, eft une Sale de Billard, de laquelle on paffe au principal efcalier, qui a fon entrée par le veftibule renfermé dans la faillie d'un des pavillons angulaires.

A la gauche de la même Anti-chambre, eft une Sale à manger, un Rechauffoir & un petit Office, qui fe dégagent par l'entrée d'un petit efcalier qui eft à l'autre pavillon. Une des portes de cette Sale donne dans une Chambre à coucher, qui a un Cabinet & deux Garderobes.

Cette Anti-chambre communique encore au Salon, qui donne paffage à la gauche dans une Chambre à coucher, accompagnée d'un Cabinet, d'un Serre-papiers, d'une

Garderobe, & d'un petit escalier montant à une Entre-sole, & dégagé par le pignon.

A la droite du Salon, est une Chambre à coucher, qui a pour commodités un Cabinet, trois Garderobes, & une rampe pour monter à une Entre-sole.

PREMIER ETAGE

De la quatriéme Distribution.

Planche 131.

Quoique ce Bâtiment soit double; pour donner diffé-rentes façons de distribuer les premiers étages des Maisons de Campagne, on en a placé le Corridor sur la face de la Cour; au moyen de quoi, quatre appartemens se trou-vant éloignés de ce Corridor, les Maîtres qui les occupe-ront, ne seront point incommodés du bruit qui s'y fera, & joüiront d'un plus grand repos.

Cet étage est distribué en neuf Chambres de Maîtres. Les quatre *a. b. c. d.* ont chacune une Anti-chambre, un Cabinet & deux Garderobes : Les Chambres *e. f.* n'ont qu'une Garderobe chacune : Les deux *g. h.* ont chacune deux Garderobes, de même que celle marquée *i.* qui a de plus une petite Anti-chambre. Ces trois derniéres Cham-bres sont éclairées par le Corridor.

On a placé une Chapelle dans la saillie du pavillon du grand escalier.

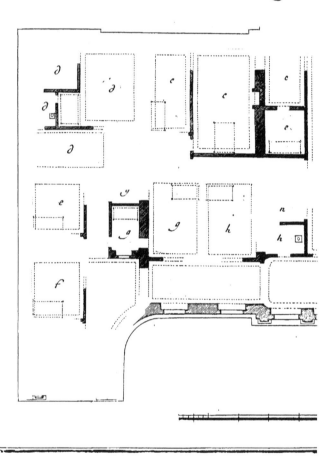

Distribution

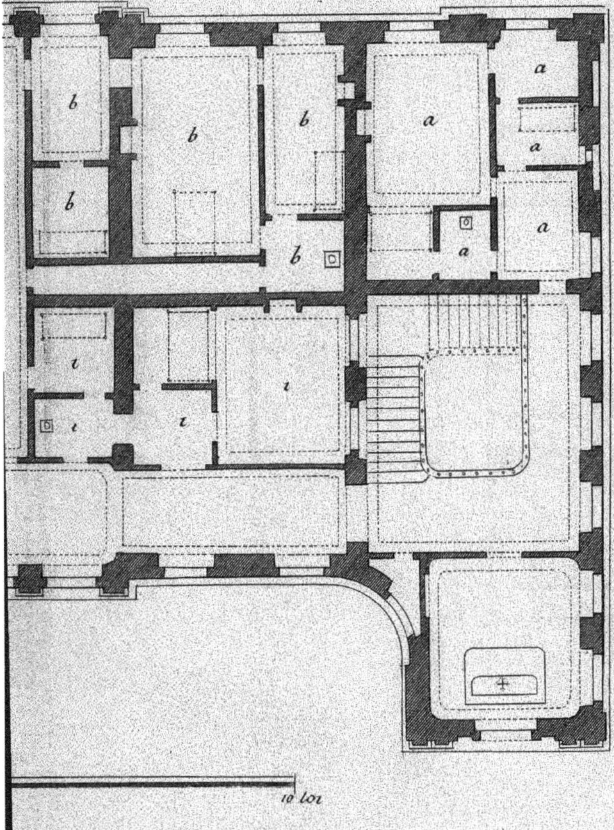

b

b

b

b

b

a

a

a

a

a

a

i

i

i

i

i

10 toi

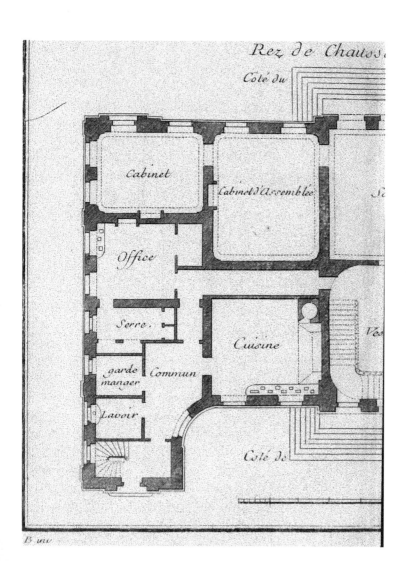

Cabinet

Cabinet d'Assemblée

Office

Serre.

Cuisine

garde
manger

Commun

Lavoir

Ves

Coté de

B. inv.

5ᵉ Distribution

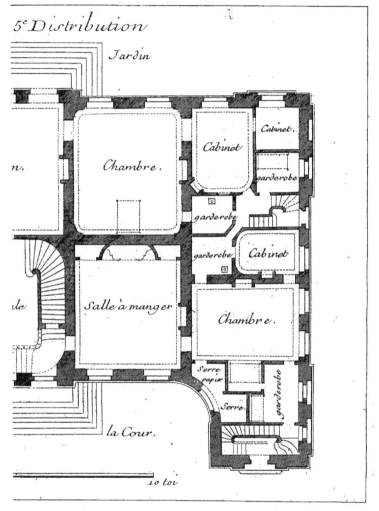

Jardin

Chambre.

Cabinet

Cabinet.

garderobe

garderobe

garderobe

Cabinet

Salle à manger

Chambre.

Serre
papir

Serre.

garderobe

la Cour.

10 toi

de la M S cul

REZ-DE-CHAUSSÉE

De la cinquième Diftribution.

Planche 132.

Cette diftribution a quarante-neuf pieds de largeur dans œuvre. L'on entre de la Cour par le milieu de la face, dans un veftibule qui renferme le principal efcalier : De cette piéce on paffe dans le Salon, qui eft éclairé fur le Jardin : A côté eft un Cabinet d'affemblée, qui perce dans un autre Cabinet, où le Maître pourra fe retirer, lorqu'il fera feul avec fa famille.

De l'autre côté du Salon, eft une Chambre à coucher, qu'accompagnent un Cabinet & deux Garderobes, proche defquelles eft un petit efcalier, pour monter à une Entrefole.

Du veftibule, on paffe encore dans la Sale à manger, qui fert d'Anti-chambre à une Chambre à coucher, qui a pour fon fervice particulier, un Cabinet, un Serre-papiers, un réduit, & deux Garderobes. Ces derniéres ont leur dégagement par un petit efcalier conftruit dans la faillie du pavillon.

L'entrée de la Cuifine eft par la face de l'autre pavillon; & pour y parvenir, on paffe d'abord dans la cage d'un fecond efcalier de dégagement, laquelle eft ouverte dans un Commun, qui diftribue à la Cuifine, à un Lavoir, à un Garde-manger, & à un paffage, qui d'un côté conduit au veftibule, & de l'autre à l'Office, qui a deux Serres & plufieurs Armoires. Si l'on trouve cet Office trop petit, il pourra fervir de dépenfe, & l'on placera l'Office en Entrefole,

PREMIER ETAGE

De la cinquiéme Diſtribution.

Planche 133.

Cet étage eſt diſtribué en neuf Chambres de Maîtres, qui ont chacune un petit Cabinet & deux Garderobes; & l'on y communique par de doubles Corridors, & par deux petits Salons, qui ſe trouvent aux deux extrêmités.

On y a conſtruit de petits eſcaliers, pour monter à des Entre-ſoles, ſi l'on juge à propos d'en faire.

ÉLEVATION,

De la face ſur la Cour.

Planche 134.

Trois portes vitrées font au Rez-de-chauſſée partie de la décoration du pavillon du milieu : Elles ſont fermées en plein cintre, & leurs jambages ſont ornés de refend.

Le premier étage eſt décoré de pilaſtres Attiques, qui accompagnent des croiſées à balcon, fermées en anſe de panier, & dont les archivoltes ſont repliés ſur leurs alettes. Ce pavillon eſt couronné d'un fronton triangulaire.

Les pavillons qui flanquent cette face, ſont réunis au corps du Bâtiment par des parties auſquelles on a donné de la convexité. Chacune des faces de ce pavillon, eſt percée au Rez-de-chauſſée, d'une porte dont les jambages qui s'amortiſſent par le haut, ſoutiennent une corniche qui fait reſſaut ſur le plinthe, & l'on a refendu les arriére-corps de cette porte.

. Ces

Premier Etage

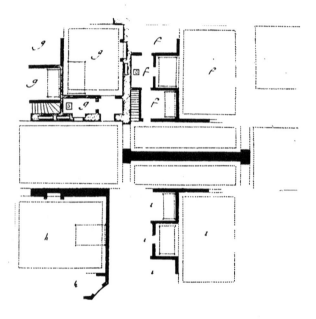

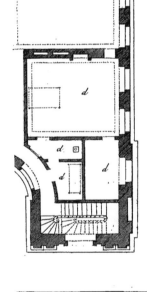

Elevation ɩ

ʋ ɯɯ

te de la Cour

ton

de la

Elevation

ôté du Jardin.

10 toi

de la m^{so}

Ces arriére-corps fervent d'appui à des pilaftres accou-plés, femblables à ceux du pavillon du milieu, & qui por-tent un fronton en anfe de panier, & fans bafe. La croifée qui y eft placée, eft à balcon, fa fermeture eft en anfe de panier, & fon chambranle eft accompagné de montans, qui portent une petite corniche furhauffée d'un couronne-ment, dans lequel eft percé un œil de bœuf qui éclaire le Grenier.

ELEVATION

De la face fur le Jardin.

Planche **135.**

Le pavillon du milieu de cette façade, a la même dé-coration que celui dont on vient de parler : On a placé feulement à chacune de fes extrêmités un pilaftre de plus, qu'on a mis en arriére-corps, afin que ce pavillon ne parût pas avoir trop de largeur, & ne femblât pas trop écrafé.

Chaque face des petits avant-corps angulaires, eft dé-corée au Rez-de-chauffée, d'une croifée en niche, dont les jambages foutiennent une corniche, qui fait reffaut fur le plinthe, & dont les arriére-corps font refendus.

Au deffus de ces arriere-corps, s'élévent au premier étage, de larges pilaftres ornés de tables renfoncées, & qui font retournés fous le plafond de la corniche : La croi-fée qui eft à cet étage, eft en niche, comme celle du Rez-de-chauffée : Ses jambages s'amortiffent fous l'architrave ; & fes pavillons font ornés de frontons cintrés.

COUPE

De la quatriéme forme d'un Bâtiment de vingt toiſes de face.

Planche 136.

Cette coupe eſt priſe ſur le Veſtibule & ſur le Salon de la deuxiéme diſtribution de cette forme, Planche 126.

Fin du premier Tome.

Coupe prise sur le Vestibule et le Salon de la Planche 126.

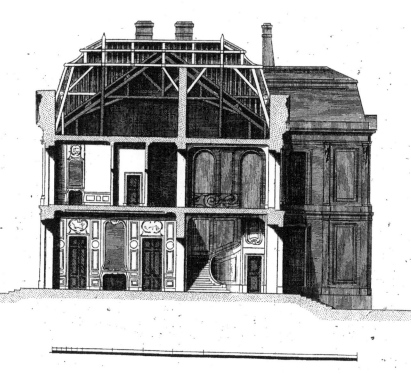

B inv.

de la M. Sc.

TABLE

DES MATIERES;

Contenues dans ce premier Volume.

Fin de la Table des Matières.

CPSIA information can be obtained
at www.ICGtesting.com
Printed in the USA
BVHW04*1204240818
525521BV00006B/134/P